《金匮要略方论》书目提要

主编　胡　滨　徐光星
编撰　王劲松　朱树良
　　　王　蕾　冯　丽

中医古籍出版社

图书在版编目（CIP）数据

《金匮要略方论》书目提要/胡滨编．-北京：中医古籍出版社，2008.8

ISBN 978-7-80174-653-5

Ⅰ.金… Ⅱ.胡… Ⅲ.金匮要略方论-图书目录
Ⅳ.Z88：R222.3

中国版本图书馆CIP数据核字（2008）第115939号

《金匮要略方论》书目提要
主　　编　胡　滨　徐光星

责任编辑　伊广谦
封面设计　韩博玥
出版发行　中医古籍出版社
社　　址　北京东直门内南小街16号（100700）
印　　刷　北京义飞福利印刷厂
开　　本　850mm×1168mm　1/32
印　　张　7.125
字　　数　179千字
版　　次　2008年6月第1版　2008年6月第1次印刷
印　　数　0001～2000册
ISBN　978-7-80174-653-5
定　　价　12.00元

内容提要

本书是国内首部带内容提要的《金匮要略方论》书目。全书共收入自《金匮要略方论》问世以来至2006年底刊刻印行且有所收藏，并以各种编撰形式对其展开阐述的著作300余种，分为合编、本文、注释、语译、发挥、临证等十个部分编排，介绍每种著作的书名、卷数、作者、成书年代（或出版情况）、内容及作用。每部分之前冠有小序，用以简介本部分著作的收录概况与指导意义。书后附有书名索引、作者索引和收藏馆代号表，以便检索查阅。

序

张仲景《伤寒论》及《金匮要略》的传世，为祖国医学增添了瑰宝。《伤寒论》经金·成无己阐注，《金匮要略》经宋·王洙重新发现，明·赵以德首予阐注。两书虽多系晋·王叔和整理编次，其间由合而分，由分而合，合而再分，若即若离，或隐或显，绵延至今。但同中有异者：两书发现年代不同，发现后显晦之遭遇不同，因之被重视的程度、注疏之众寡，差殊更甚。

《伤寒论》传世后，有加例的、阐注的、补亡的、订误的、删定的，还有为之证方合论的、分论的、以证类方的、以经分证的，注编之多，比"百家注杜"殆有过之。而《金匮要略》编次后，即默无所闻。由晋、唐至宋、元、明，仅赵氏一家。同是张仲景述作，同为王叔和编次，由于"伤寒""杂病"之分，极似孪生兄弟之肥瘠太甚矣。从20世纪30年代江苏吴氏所辑《伤寒论百家注》及《金匮要略五十家注》中可以看出，后人疏注《金匮》与疏注《伤寒论》的，在数量上固不能比拟，在版行传世方面，《金匮》亦瞠乎其后。此种情况，一直持续到建国前夕。

新中国成立以后，张仲景这两部著作，均被列为中医经典著作，亦作为中医院校教学内容。这使《金匮要略》在韬光匿彩五百多年后，在党的中医政策光辉照耀下，重新为世所重，使其转羸弱为茁壮。其研究、探索、阐注极为丰富，继清代以后，可谓诸子蜂起，文字著作从数量上、质量上亦是超过了古人。

本书主编、编撰诸同志，经过长时间的努力，收集了自《金匮要略》问世以来至2006年底刻印且有所藏的，以各种编撰形式对其展开阐述的著作300余种，分为合编、本文、注释、语译、发挥、临床应用等等编排，并介绍书目提要等多项内容。前有介绍，后有索引，可以查检。此项提要工作的完成，表明一个可观的《金匮要略》学说文库已初步形成。本书之问世，打开了《金匮要略》信息资源宝库的钥匙，使读者可以检索利用，方便省力。本书对中医经典研究工作，具有极大的价值，厥功甚伟，故乐为之序。

何任　2008年5月8日于杭州尊俭堂

时年八十九岁

前　言

在祖国医学浩瀚的文献宝库中，有一部医籍自它问世以来一直为历代医家推崇备至，这就是被后世尊称为“方书之祖”，经晋唐医家发现和整理编辑，从汉张机撰著的《伤寒杂病论》中析出的《金匮要略方论》。金匮者，古代指用合金做成的用以珍藏贵重物品的柜子，后又专指重要典籍；要略，即简略、扼要之意。象张机这样一位“论广伊尹汤液”与“垂妙于定方”，集经方之大成又继往开来的医中圣手，其所撰的著作被称为“金匮”，那是当之无愧的。《四库全书总目提要》云：“《金匮》一书，自宋以来，医家奉为典型，与《素问》、《难经》并重。得其一知半解，皆可起死回生。”清代名医陈修园则云：“《金匮》所载之证……中工所能治者，不必论也，所论者无不起死回生之术。”“书之所以名为要略者，盖以握要之韬略在此也。”据我国著名《金匮》研究大家何任教授考证，早在唐孙思邈的《千金要方》、王焘的《外台秘要》及之后的医学名著中都已有引用该书的方论。宋、金、元期间的医学大师，如朱肱、陈无择、刘完素、李东垣、张洁古、王海藏、朱震亨等，在他们的著作中无不论及该书的理、法、方、药，字里行间充满了对仲景学说的敬仰之意。

《金匮要略方论》系统总结了东汉以前医家和作者本人的临证经验，开创了辨证论治的中医诊疗体系，确立了中医方剂学术体系。它架构了中医理论与临床的桥梁，奠定了中医临床治疗学的基础。所以，凡业医者，无不用大量时间对之研读学习。许多儒医名家集毕生精力对之研究阐发。典型者如明末清初名医卢复、卢子颐父子及其子婿陈曾篁，三代人历二十年时间编撰《金匮要略摸象》与《摩索金匮》。书名谦称“摸象”与“摩索”，可见《金匮要略方论》的内涵在他们心目中是多么的博大精深。

据中国中医科学院薛清录教授主编的《中国中医古籍总目》（2007年上海辞书出版社出版）记载，截止1949年，对《金匮要略方论》以及与《伤寒论》合刊的著作以注释、阐发等形式进行阐述的著作有一百七十多种。又据上海中医药大学裘沛然教授主编的《中国医籍大辞典》（2002年上海科学技术出版社出版）等工具书与浙江中医药大学图书馆馆藏统计，截止2006年底现代医家对之以各种方式进行阐述的著作也已近一百五十种。可喜的是，这些著作更着重于临证应用研究。如果算上万余篇研究该书的论文［据《中国科技期刊中医药文献累积索引（1949～1986)》（薛清录主编，1993年光明日报出版社出版）及其1987年之后按年度出版的年度索引粗略统计］，一个可观的《金匮要略方论》学说文库已经初步形成。

书目是治学的重要工具，也是打开文献信息资源宝库的钥匙。清代著名学者王鸣盛在《十七史商榷》中指出：“凡读书最切要者，目录之学。目录明，方可读书，不明，终是乱读。”张之洞在《书目答问》中则进一步指出“读书不知要领，劳而无功；知某书宜读而不得精校精注本，事倍功半。”通过书目，可以掌握学科著作刊行流传的全貌，了解某一著作在学科中的价值和作用，对我们熟悉、选择和利用文献有着重要的指导作用。鉴于至今尚未有专门的《金匮要略方论》书目问世，为方便广大中医高校学生和中医临床与研究人员对《金匮要略方论》著作的检索利用，特编撰本书目。

本书目的编撰和刊行，得到了学校“浙江省重中之重”学科——中医临床基础学老师们的鼎力支持，学校副校长、博士生导师范永升教授在繁忙的工作中还拨冗对本书目的编撰体例和提要撰写给予了指导。在此深表感谢。尤其要感谢的是承蒙我国《金匮》研究大家何任老为本书写序和题写书名，令本书增色不少。另外，在书目查阅过程中，学校图书馆领导及职工，以及中国中医科学院等有关单位的图书馆给予了很多帮助，同时我们还参考借鉴了《全国中医图书联合目录》、《中国医籍大辞典》、《中医学重要著作选介》等工具书的研究成果，对此我们一并表示由衷的谢意。限于我们的学识和水平，本书目存在的不足之处和缺点，希望读者批评指正。

胡　滨　徐光星

2008年5月8日于浙江中医药大学

编撰体例

本书目所收为围绕《金匮要略方论》展开的以各种形式对之进行阐述的著作，也包括对仲景学说进行整体阐述的有关著作。时间范围为《伤寒杂病论》成书的东汉末年到公元2006年底，凡刊刻印行而至今书有所查的著作。

一、编排

1. 为便于读者选阅，所收著作按其编写形式不同编排。

(1) 合编　凡内容既涉及《伤寒论》，又论及《金匮要略方论》者，无论其编写形式，均入此。

(2) 本文　仅收录《金匮要略方论》的各种刻本及以校勘为主的著作。

(3) 注释　以注释为主的著作入此。凡对二十五篇完整注释者，列为“全注”；仅对前二十三篇作注者，列入“节注”；重新编次并作注者，列为“编注”。

(4) 语译　以现代汉语和外文翻译条文及全文的著作入此。

(5) 发挥　凡以作者自己的研究体会与临证经验为主来阐述并发挥原文的著作入此。

(6) 临证　凡博采诸家并参以己见研究《金匮要略方论》临症应用的著作入此。从整体探讨者，列为“通论”；偏重于方证者，列为“方解”；介绍验案者，列为“医案”。

(7) 教材　近代以来师徒授课及学校《金匮要略方论》教学所用著作入此。

(8) 歌括　以诗歌词赋等易记易诵形式表达《金匮要略方

论》内容的著作入此。

(9) 图表　以列表和画图形式解读《金匮要略方论》的著作。

(10) 其他　无法列入上述各部分者入此。

2. 为体现本书目“辨章学术”与“考竟源流”之作用，每类之前作一小序，以期鸟瞰全类，概要说明。各类或各细目之下图书或每细目一般按成书年代先后排列，日本等外国汉方医家的著作则编入每类或每细目之后。对个别流传很少的著作，则谨以列目示之。

二、著录

1. 凡1949年以前成书的著作，著录书名、卷数、作者（朝代、姓名、字号等）、著述形式、成书年代、内容介绍、常见版本（或现存版本）及馆藏地点诸项。为节省篇幅，馆藏单位以代号示之。馆藏单位名称可查馆藏代号全称表。

2. 凡1949年以前成书而之后才出版的著作，注明成书年代，并在“现有印本”下注明出版情况。

3. 凡1949年以后编撰的著作，著录书名、作者、著述形式、初版情况（出版时间、地点与出版单位）及内容介绍。鉴于1949年之后出版的著作多有收藏，故不再著录馆藏地点。

三、检索

书末附“书名索引”和“作者索引”，均按汉语拼音顺序排列。读者可利用它们以及本书目的“目次”，从书名、作者与著述类别三条途径检索利用。

目　　录

003　《伤寒杂病论》　十六卷

〔作者〕东汉·张机（仲景）原撰，黄维翰校订

〔成书年代〕1932年

〔内容介绍〕

本书又名《伤寒卒病论》，是一部阐述多种外感疾病及杂病诊治的专著，也是我国古代第一部理论联系实践，理、法、方、药比较完善的重要医学著作，故作者被医家尊称为医中之圣。全书根据《素向·热论》六经分证的基本理论，结合作者丰富的医疗经验，创造性地系统总结了外感疾病错综复杂的症候及其演变规律。并把《内经》以来的脏腑、经络和病因等学说，以及诊断、治疗等方面的知识有机地联系在一起，提出了比较完整的六经辨证体系，论述了汗、吐、下、和、温、清、消、补的治则治法及各个方剂与药物的使用方法，提出了外感热病的产生、发展和辨证论治的纲领和具体的治疗措施，从而奠定了祖国医学辨证论治的基础，同时也给中医临床各科提供了辨证和治疗的一般规律，对中医学的发展起了重大的推动作用。

本书分伤寒和杂病二大部分。原书在汉晋时期即散失不全，晋·王叔和将其伤寒部分整理成册，名为《伤寒论》；宋·林亿据《金匮玉函要略方》（《伤寒杂病论》节略本）进行校订，去掉伤寒部分，将论述杂病、妇人病内容整理成《金匮要略方论》。另有《金匮玉函经》8卷，为本书的另一传本。本书据称系张机四十六世孙张学正家藏之《伤寒杂病论》十二稿，1934年黄氏从罗哲初处发现白云阁藏本，校订后刊行。卷一、卷二为论集、平脉法；卷三为伤寒例、杂病例；卷四为温病篇；卷五为伤暑、热病、湿病、伤燥、伤风、寒病篇；卷六至卷十一为六经病篇；卷十二为霍乱吐利病、痉、阴阳易差后劳复病篇；卷十三为百合狐惑阴阳毒病、疟病、血痹虚劳病篇；卷十四为咳嗽水饮

黄汗历节病篇；卷十五为瘀血吐衄下血疮痈病篇；卷十六为妇人病篇。内容较通行本《伤寒论》多，所载方剂除《伤寒论》、《金匮要略方论》已载之外，另增八十八方。学术界对本书的真伪多有存疑。

〔现存版本与馆藏地点〕

1. 1932 石印本　590

2. 1939 年张钫刻本　139　152　412B　541　590　712　746A　839A　926A

3. 1980 年广西人民出版社铅印本

004　《古本伤寒杂病论》　十六卷

〔作者〕东汉·张机（仲景）原撰，刘瑞瀜辑校

〔成书年代〕1932 年

〔内容介绍〕

刘氏以刘世祯所藏《伤寒论》秘书为底本，合参林亿《伤寒论》本加以校订，以图恢复《伤寒杂病论》原貌。卷一至卷五为平脉法，卷三为伤寒例，卷四至卷五为辨温病、暑病、热病、湿病、燥病脉证并治，卷六至卷十一为六经病脉证并治，卷十二为辨霍乱、痉、阴阳易、差后劳复脉证并治，卷十三为辨不可发汗、可发汗脉证并治，卷十四为汗后病脉证并治与不可吐，卷十五为辨不可下、可下脉证并治，卷十六为发汗吐下后脉证并治。

〔常见版本与馆藏地点〕

1. 1932 年长沙石印本　1　2　21　139　186　202　254　277　301　308A　381　391　412B　421　476　529A　541　589　590　706　738A　738B　781　791　800　831　839　839A　851　852　901　907C　917A　922　931　940

2. 民国间铅印本　301　529A　590　677A　709　922　926A

自成书以后，经过后人的更名改削，原著已是残缺不全、面目全非。作者以仲景《金匮玉函方》三卷为蓝本，删其重复，补其阙夺，正其豕亥，辨其真伪，又据赵开美校本和诸家之注解，加《脉经》、《巢氏病源》、《千金方》、《外台秘要》等书中有关《伤寒论》、《金匮要略方论》内容，对原条文进行补充编排，分章逐节，句句注释，使仲景之意，了然于目。本书搜罗各家之见甚广，并参有作者的独特见解。

〔现存版本与馆藏地点〕

1936 年中华书局铅印本　1　3　21　139　152　186　202　251　254　270　277　279　289　301　303　308　308A　309　351　361　381　385　385A　391　396　412A　412B　421　433　444　450　450B　461　475A　491　514A　517　521　529A　529B　541　546　589　590　651　664　677　677A　707　709　728　731　738　738A　738B　741　781　799A　800　831　839A　851　852　871　891　896A　901　907B　907C　911　917A　921　922　926A　931　939　940　942B

016　《伤寒杂病论》

〔作者〕蔡陆仙编撰

〔成书年代〕1937 年

〔内容介绍〕

本书系《中国医药汇海》之一种。全书对《伤寒论》作者张仲景及其著作的价值、沿革和其他有关医籍等进行了考证，并编辑为“张仲景伤寒论”、“金匮要略回纂”。书中所录原文次第与通行本《伤寒论》、《金匮要略方论》基本相同，原文之后采录历代注家精论。

〔现存版本与馆藏地点〕

1941 年上海中华书局铅印本　1　139　514A　852

017　**《伤寒论金匮要略集注折衷》**

〔作者〕胡毓秀编著

〔成书年代〕1937 年

〔内容介绍〕

全书分“伤寒论集注折衷”及“金匮要略集注折衷”两部分，前者据伤寒六经分作六卷，后附霍乱病、阴阳易、痉湿暍三章，又为一卷，合《金匮》九卷，共十六卷。作者以《伤寒论浅注补正》为蓝本，取陈修园、唐宗海二家之说加以集注，折衷其义，故名。本书将陈氏嵌入原文之浅注移于原文之后，又附唐注，并作补注。以陈注解原文之字义，以唐注解原文之奥义。每卷均标明章节，并注明所论大旨，使初学者便于领会掌握。

〔现存版本与馆藏地点〕

1. 1937 年豫南信阳义兴福印书馆铅印本　139

2. 上海中医科学书局铅印本　308　939

018　**《伤寒金匮折中》　三卷**

〔作者〕杨育曾编

〔成书年代〕1937 年

〔内容介绍〕

杨氏研究仲景学说，推崇张隐庵、柯琴、徐大椿、陆九芝诸家论注，认为中西医学术分歧，与其牵强附会，不若存其本真。是书包括《伤寒折中》、《金匮折中》两部分。

〔现存版本与馆藏地点〕

华北国医学院铅印本　279

019　**《金匮伤寒补遗合编》**

〔作者〕惠和祖撰著，释孙祥麟编

〔成书年代〕1939 年

〔内容介绍〕

本书是在民国期间废止中医之声甚嚣尘上之际，为求救国医之策，作者从南阳仲师裔获传世遗稿，整理成书。全书编 365 方为目，72 候为条，寒温热为段，四气为纲。首论生理学。列全体生理脏腑经络图 24 幅，并附图解；右痪左瘫，述其病因、病机；又论述寒、温、热三带一年四季治病法则并载用方。作者认为，三带气候不同，南北各异，人的禀赋有别，应注意因地、因时、因人而易，辨证施治。继论病理学。以六经原理剖解各经疾病原则提纲。每一经设一各论，详论其病理症状，与五运六气之关系等。再列“碎玉补拾”。载内科杂症、骨伤、外科、推拿、五官、汤方若干首等。

〔现存版本与馆藏地点〕

1941 年铅印本　1　139　186　202　279　301　361　391　514A　590　871

020　《伤寒金匮条译》　二十二卷

〔作者〕李彦师编著

〔成书年代〕1945 年

〔内容介绍〕

作者遵照张仲景《伤寒杂病论》原书顺序，将《伤寒论》和《金匮要略方论》仍合为一书，用注释、互相参证等方法，整体领会张仲景对于急慢性疾病的医疗观点和辨证治法。全书注文比较简要，在一定程度上避免了随文训释或强作解释。

〔现有印本〕

1957 年人民卫生出版社铅印本

021 《伤寒金匮评注》 四卷

〔作者〕张公让撰注

〔成书年代〕1946 年

〔内容介绍〕

本书收入作者所编《中西医学比观》中。全书分为二集四卷，第一集卷一为太阳病篇；第二集卷二、三为少阳病、阳明病篇；第二集卷四为阳明病（续）、太阴、少阴、厥阴篇、补遗篇与附录。补遗为《金匮要略》方未被《伤寒论》收载者，共计二百二十九首。附录为日人大冢敬节对《康平本伤寒论》的研究文章，以及阎德润所注《伤寒论评释》对桂枝汤等二十一首方剂的见解。

全书详于《伤寒论》，略于《金匮要略方论》。对伤寒条文，择要评述，次序则与传世本大异。评注多取西医血管、神经、病源、抗体等论说，体现了当时中西医汇通的观点与方法。对某些难于用西医观点解释的条文，或缺疑，或断言“不可信”。所注方剂、药性亦多参西药药理，对于阐发伤寒证治有不少新意。但对《金匮要略方论》，则但论其方，未及原文。全书以六经分类论述，以原文、评语或按语、前贤治验之次第阐析。原文为黑体大字，标明出处。评语或按语，另起行用小字书写。针对原文，或评其损益，或解释方义，或间用西医理论发微。各论之后即是汤方。每一汤方均设按语或评语，评其得失，重要汤方设按（评）或多按（评）语，又附前贤治验案一例或数例，记载颇详。著者旨在“以科学评注，取其精华，去其糟粕，将其真正价值介绍于今日医林”。

〔现存版本与馆藏地点〕

1946 年著者铅印本　139

022 **《伤寒杂病论会通》 十六卷**

〔作者〕黄维翰（竹斋、中南山人、诚中子）编

〔成书年代〕1949 年

〔内容介绍〕

本书以桂林罗哲初所抄张仲景《伤寒杂病论》为蓝本，旁参宋本《伤寒论》、《金匮要略》及湘古本、涪古本勘误补脱改编而成。卷首有黄氏“伤寒杂病论刊本序”、“医圣张仲景传”、“通论”、“三阳三阴提纲”及左修之原序等。卷一、卷二为论集、平脉法；卷三为伤寒例、杂病例；卷四为湿病脉证并治篇；卷五为伤暑、热病、湿病、伤燥、伤风、寒病脉证并治篇；卷六至卷八为太阳病篇；卷九至卷十一为阳明、少阳、太阴、少阴、厥阴篇；卷十二为霍乱、吐利病、痉、阴阳易、瘥后劳复病篇；卷十三为百合狐惑阴阳毒病、疟病、血痹虚劳病篇；卷十四为咳嗽水饮黄汗历节病篇；卷十五为瘀血吐衄下血疮痈病篇；卷十六为妇人病篇；卷末为杂疗方、禽兽鱼虫禁忌并治、果实菜谷禁忌并治。末载米伯让“伤寒杂病论会通书后”。书中凡通行本已载之条文，采摭成无已、赵以德以下诸家之注予以阐释；通行本无载之条文，则节录刘昆湘《伤寒杂病论义疏》有关内容阐述；以上两本均未载之条文，黄氏本人予以阐释。论述衷中参西，阐发经旨，所引医著达二百余家。

〔常见版本与馆藏地点〕

1. 1949 年石印本　1　186　401　514A　590　738B

2. 1979 年陕西中医药研究院铅印本

023 **《伤寒金匮浅释》**

〔作者〕欧阳锜编著

〔初版〕1957 年上海卫生出版社铅印本

〔内容介绍〕

本书作者用简明浅近的语句和近代的学理，对《伤寒论》和《金匮要略方论》逐条加以整理、注释，并在每段或每篇之后，把段或篇的含义作扼要的分析、比较和总结，而每一处方后，则附有歌括，便于记诵。全书分三部分。第一部分为“伤寒金匮读法”，论述了《伤寒论》与《金匮要略方论》的命名来由与基本内容，以及学习研究的方法；第二部分伤寒浅释，将六经病辨治分八篇阐释；第三部分金匮浅释分二十四篇，包括霍乱病、阴阳易差后劳复病及《金匮》的前二十二篇。是书将《伤寒论》与《金匮要略方论》作了整体的探讨与分析，语句简明。

024　**《曹氏伤寒金匮发微合刊》**

〔作者〕曹家达原著，顾瑞生校点

〔初版〕1990 年上海科学技术出版社铅印本

〔内容介绍〕

本书以 1956 年上海卫生出版社出版的《（曹氏）伤寒金匮发微合刊》本为底本，参照《伤寒论》、《金匮要略》诸种版本，对《伤寒发微》九篇和《金匮发微》二十二篇进行校勘、标点、注释，并结合校者体会加以阐述。书末附有引用《伤寒论》、《金匮要略》书目及方剂索引。

025　**《二经类纂》**　三卷

〔作者〕（日）椿庭山田编撰

〔成书年代〕约 1855 年

〔内容介绍〕

本书原分三十三卷，经源淳氏抄写勒为三卷。全书取张仲景《伤寒论》、《金匮要略方论》两书，据其所述内容，将原文重新类分编纂，分为六经、气血、身体、九窍、饮食、二便、疾病、诸证、寒热、汗吐下、治法、方法、脉法，凡十三门，诸门之中再细分若干类目，共八十一类，如六经门下析分冒头类、三阴三阳类、传经类、邪解类、日程类、腧穴等六类，气血门下包括阴阳类、诸气类、诸血类、津液等四类。经其类纂之后，有助于学者研习、检索仲景原书的相关条文。

〔现存版本与馆藏地点〕

日本安政二年（1855）源淳氏抄本　590

（三）临证应用

026　《张仲景伤寒金匮方》

〔作者〕不著撰人

〔成书年代〕1850 年

〔内容介绍〕

本书书口处上印“金殿传胪”，下印“义茂制”。据纸张推测，当为晚清之物。全书分“仲景伤寒方”、“仲景金匮方”二部分。“仲景伤寒方”载《伤寒论》百十三方，首方桂枝汤后列“铢两升斗考”，以《汉书·律历志》为据考正权量、度量之所起及“古所云一龠、一合”合今之度量衡多少等。“仲景金匮方”录《金匮要略方论》一百七十六方，先列方名，次列药味、分量、煎服法。个别方如小柴胡汤则略于煎服法中挟注文，绝大多数无注释。

〔现存版本与馆藏地点〕

清抄本　139

027　《仲景方汇录》

〔作者〕清·陆懋修（九芝、勉旃、江左下工、林屋山人）编撰

〔成书年代〕1860年

〔内容介绍〕

本书系陆氏习医时研读仲景方之手录，内容包括《伤寒论》方与《金匮要略方论》方。作者在《伤寒论》方记录中叙称"一部《伤寒论》只有三种方，一曰辛散，桂麻诸方是也；一曰辛凉，膏黄诸方是也；一曰温补，姜附诸方是也。升葛细辛，统于桂麻；芩连根栀，统于膏黄；吴萸蜀椒，统于姜附。六经之方，以此数方括之，头头是道矣"。其伤寒方即以此三类为序胪列。每方先立方名，次列主治、方药、煎服法及禁忌等。文中夹注，顶有眉批，标示该方所属温、清、补、消等类别。《金匮要略》方依原书之序抄录，文内注、眉批同伤寒方。所注多为陆氏心得体会，间引前人之论，多有精当见解。然眉目欠清，缺乏条理是其欠缺。《金匮要略》方末附光绪十六年（1890）"京畿救疫方"和"喉症用金匙散"方。

〔现存版本与馆藏地点〕

稿本　1

028　《经方歌括》　二卷

〔作者〕清·黄钰（宝臣）撰

〔成书年代〕1871年

〔内容介绍〕

作者认为，《素问》、《灵枢》详于针而略于方药，"至汉张仲景著《伤寒论》、《金匮玉函经》专以汤药治病，始有法有方。是医方之祖，实推仲景。而仲景之方非必仲景所制，有不少出自

伊尹《汤液经》，有《汤液经》之方更出上古，故谓之‘经方’”。作者编撰本书是鉴于陈修园父子《长沙方歌括》、《金匮方歌括》拘于声韵，未能标出方名，如有加减又另附一歌于后，认为其“立意虽善，恐初学熟读之余，药品分两不夹毫厘，而问以方名，或茫然不辨也”。为启迪后学，乃用韵语，但又不拘诗律之法，将经方归类而释之。全书分上下二卷。上卷释《伤寒方》，按徐大椿《伤寒论类方》排序；下卷释《金匮要略》方，按《金匮要略》原文之序，将各篇各方的药物分量、所治疾病的主证，用歌诀形式概括。歌诀之间挟有小字注文，歌诀之后加“按”，引历代诸家之方论，阐述该方所治病证的病因病机、各药药性药理、组方原则、煎法服法、服药禁忌等等，类似现代方剂学著作，故与一般意义上的歌括有较大区别，实开现代方剂学著作之先河。

〔现存版本与馆藏地点〕

清光绪十九年癸巳（1893）芸经堂刻《伤寒辨证集解四种本》 139 152

029 **《经方例释》 三卷**

〔作者〕清·莫文泉（枚士）撰

〔成书年代〕1884年

〔内容介绍〕

本书阐发《伤寒论》《金匮要略方论》经方之奥旨，分上中下三部分，引证资料广博，集名家用药之精华。卷首著“经方通例”篇，记十种汤方的内服、外用法；“经方制法”篇，记载汤、煎、散、丸四种剂型；“经方煮汤用水”篇，记载十种用水，如东流水、麻沸汤、泔水等；“经方和药定例”篇，记载大枣和百药、蜜缓药势等内容，并附仲景用药与《神农本经》异同考。卷上、中、下，共载方三百四十首。主方有主治、组成、剂量、煎服法、注释、加减、医案等项，次要方则无医案。在加减中取《千金方》、《外台秘要》及其他方书可采者录之，药物份量则参考古今方书。附录中首列《伤寒论》、《金匮要略方论》中阙方（缺方）十四首，每方下注缺如之因，或可能为何方，同时载逸方五首，方下注明出自何书，并指出其与《伤寒论》、《金匮要略方论》方之不同处。后节录《素问》“藏气法时论”及“至真要大论”，最后记述王绳林“考正古方剂量与今之剂量说”。

〔现存版本与馆藏地点〕

清光绪十年甲申（1884）著者自刻本　152　541　572　590　664　940

030　《医学真传》　二卷

〔作者〕清·宫藻（太原氏）撰

〔成书年代〕1897 年

〔内容介绍〕

全书为上下二卷，卷上论伤寒，卷下为金匮方歌。录陈元犀《金匮方歌括》内容，分篇隶方，自痉湿暍病篇至妇人杂病篇共 218 方，重出则略。行间多有宫藻氏朱笔批注，举凡药物性味、方药配伍、本方证治及与它方它证比较等，时显灼见。后附李杲《药性赋》。

〔现存版本与馆藏地点〕

清稿本　139

031　《伤寒类方歌纂金匮方歌纂》

〔作者〕清·耿刘霖编

〔成书年代〕清末

〔内容介绍〕

本书分“伤寒类方歌纂”、“金匮方歌纂”两部分。第一部分为伤寒类方歌纂，仿徐大椿《伤寒论类方》；第二部分为金匮类方歌纂，亦仿其体例，将《金匮要略方论》诸方分类成歌。所不同者，金匮类方无类方方名，径以所括方名为题，如首道歌题“栝楼桂枝汤、乌头桂枝汤、阳旦汤、桂枝去芍药加麻黄附子细辛汤”，可见其类方方剂之法较有特色。由于《金匮要略方论》方多为一病一方，故《金匮类方歌纂》中有大量一方一类一歌者，共有七十三首歌诀，约包括一百七十余方，为《金匮要略方论》方歌著作中所仅见。

1981 年，中医古籍出版社将《伤寒杂病类方》、《伤寒方歌纂》、《金匮方歌纂》影印成册，取名《张仲景方易记便学手册》。

〔现存版本与馆藏地点〕

1. 清抄本　139

2. 1981 年中医古籍出版社影印本

032　《南阳药证汇解》　六卷

〔作者〕清・吴槐绶（子绂）编著

〔成书年代〕1907 年

〔内容介绍〕

本书系《吴氏医学丛刊》之一。作者举《伤寒论》、《金匮要略方论》所用之药一百六十一味，分为五部阐述。卷一、卷二为草部，计六十九味；卷三为木部，计二十味；卷四为米麦蔬果部，计二十六味；卷五为金石禽兽鳞介昆虫部，计二十四味；卷六为杂物部，计十二味。按立方证治之意，分类排比，以阐明证之所主治者何方、方之所主者何药，即于此药之下，详列其所治之证，以见此证必用此药，乃可救弊补偏。此书便于学者按药求方，按方求证。

〔现存版本与馆藏地点〕

民国间铅印本　590

033 《经证证药录》

〔作者〕王继志遗稿

〔成书年代〕1920 年

〔内容介绍〕

本书系甘肃晚清举人、已故名中医王继志先生遗著。是书以长沙证论为根宗，熔四部医典于一炉，排比《伤寒》、《金匮》二百四十四方，汇列主治、加治、佐治之证，参稽《灵》、《素》、《难经》，考证药证因应之由，证药一百七十二味。在遗稿校注过程，为免于重复及脱漏，对体例作了重新调整，于每节中删去“经证”一项，保留药释、经证证药、经验录、经解及闲按五项。

药释：证引诸家本草所述某一药物的气味、主治。凡《本经》主治诸证，作者均摘要加释其病机、病原，特以小号字别之。其所集诸般药性，条分缕析，俱见精微。

经证证药：首列经证，分列主治、加治及佐治之目。主治之目：以药名方，以方类证，备列经方、经证及证论。

经验录：系作者临床经验之集录。结合药物性味及个人医疗实践自订若干经验方。

经解：广引博采诸经籍，期以长沙之用药，质神农之传经，复以轩、岐之微言，铨农经之主治。即经解经，以明证原。

闲按：即作者发明，统论药效、证原。

〔现有印本〕

1987 年兰州甘肃科学技术出版社铅印本

034 《仲景学说之分析》

〔作者〕叶劲秋编撰

〔成书年代〕1929 年

〔内容介绍〕

本书是我国较早以综合归纳形式研究《伤寒论》与《金匮要略方论》的著作。作者以外感、内伤为纲，从症、因、脉、治入手进行剖析。全书分为9个部分，即导言、杂症分辨、妊产、病因举要、治法举要、经形证、脉法、方药与结论。导言和结论，阐述研究仲景学说的基本观点，第二至第五部，从症状分析、病因分析、病因病机、治则方药等方面归纳《金匮要略方论》有关条文的内容；第六部分则以六经为序，每经病证均首列主证提纲，继而以其内容、性质，或以主类证，或以病因病机、证候特点、治疗大法、误治及禁忌等项，分列有关六经形证的条文；第七部分归纳了有关仲景论脉法之条文；第八部分列两部原著之方剂。全书体裁新颖，归纳有要，条理清晰，观点中肯。

〔现存版本与馆藏地点〕

1934年、1936年上海少年医药社铅印本　2　139　186　270　361　412A　491　589　590　728　799A　839A　896A　907C　940

035　**《伤寒金匮方证类录》　三卷**

〔作者〕不著撰人

〔成书年代〕1930年

〔内容介绍〕

本书将《伤寒论》、《金匮要略方论》两书中的方证分类抄录，并基本按《伤寒论》中各方出现先后依次排列。每方先立方名、药物、煎服法，后列原著条文，并于《金匮要略方论》条文下注所出篇目。有方名无药物者注“方原缺”，仍列条文，共录一百零六方。卷一，自桂枝汤方至桃核承气汤；卷二。柴胡加龙骨牡蛎汤方至小承气汤方；卷三，白虎汤方至四逆加人参汤方。每方之组成、主治、剂量、炮制、煎服法等，一一皆备。方后列方解，并间附按语，以释方义。凡与原文有不同者，加以注释，但未定夺是非。

〔现存版本与馆藏地点〕

稿本　139

036　**《伤寒杂病论方歌括》　二卷**

〔作者〕余炳焜撰

〔成书年代〕约1930年

〔内容介绍〕

全书分为上下两卷。上卷为伤寒方歌，共112首（其中大陷胸汤、大陷胸丸两方共一歌诀）；下卷为金匮方及所附后世有效方方歌，共200首。每歌先标方名，次列余氏所撰歌诀。其歌诀除列举药味外，还包括方剂功效、主治病症及煎服法。与陈修园父子《长沙方歌括》、《金匮方歌括》比较，余氏方歌不言药物分量，侧重方剂功效、适应证和煎服法，是其特色。歌诀后有的还附有少量注解、论述，皆较简要，有利初学者学习掌握。

〔现存版本与馆藏地点〕

抄本　139

037　**《经方实验录》　三卷**

〔作者〕曹颖甫治验，姜景佐辑录

〔成书年代〕1936年

〔内容介绍〕

曹氏学宗仲景，系当代名医，以善用经方闻于世，用方规矩于仲景，又能兼众家之长，认为经方运用，贵在达变。全书分上、中、下三卷，共收92案，其中16案，标明为附列门人医案，将经方应用实例作为验案加以整理，并辅佐说解。

是书阐发了曹氏辨证施治之机奥，活用仲景经方之经验，书中诸案所作之按语，切中肯綮理明而意深，故对临床很有参考价值。

〔现有印本〕

1979年上海科学技术出版社出有铅印本

038 **《伤寒金匮方易解》 二卷**

〔作者〕何舒（字笛心，号舍予）撰

〔成书年代〕1947年

〔内容介绍〕

本书为何氏《寿康之路》丛书之一种。全书分伤寒方、金匮方两部分。伤寒方采用徐大椿《伤寒类方》分类法，将《伤寒论》分为桂枝汤类六方、麻黄汤类六方、葛根汤类三方、柴胡汤类六方、栀子豉汤类七方、承气汤类十二方、泻心汤类十一方、白虎汤类三方、五苓散类三方、四逆汤类十方、理中汤类九方、杂法方类二十二方，合计九十八方。金匮方则依原书之序，以病系方，自痉湿暍病方至杂疗方凡一百六十四首。每方先立方名，后列主治，再列《伤寒》、《金匮》原文，文中夹有编者注文，再后即为新编七言歌诀。歌诀突出该方所治病证的病因病机及全方之功效等。最后引徐大椿、陈修园、陈元犀等方论，以释方药配伍特点，便于初学者。

〔现存版本与馆藏地点〕

1948年邵阳灵兰中医学会石印本 139 839A

039 **《伤寒金匮方集注》**

〔作者〕不著撰人

〔成书年代〕约1949年

〔内容介绍〕

本书按痉湿暍、百合狐惑阴阳毒、疟病、中风历节、血痹虚劳、肺痿肺痈咳嗽上气、奔豚气、胸痹心痛短气、腹满寒疝宿食、五脏风寒积聚、痰饮咳嗽、消渴小便下利淋、水气、黄疸、惊悸吐衄下血胸满瘀血、呕吐哕下利、疮痈肠痈浸淫、趺蹶手指臂肿转筋狐疝蚘虫、妇人妊娠、妇人产后、妇人杂病等汇聚《金匮要略》中的有关方剂，每方后列药物组成及《金匮要略》原文，大部分方后附有阐释。

〔现存版本与馆藏地点〕

抄本 651

040 **《古方临床之运用》**

〔作者〕叶桔泉编著

〔初版〕1952年上海千顷堂书局铅印本

〔内容介绍〕

本书根据经方药物组成及其作用，从《伤寒论》和《金匮要略方论》中筛选出137则重要方剂并分为桂枝汤、麻黄汤、白虎汤、杂方等13大类，每类方下按方名、组成、调剂用法、方义解说、适应与运用范围及诸家经验等项阐述。为使本书更适合临床需要，作者在“诸家治验”中介绍了古今医家应用该方的临证经验，在“运用范围”中尽量采用现代医学病名。全书方以类分，有纲有目，重点突出，联系临床紧密。1956年上海卫生出版社出有铅印本。

041 **《经方应用》**

〔作者〕王琦等编著

〔初版〕1981年宁夏人民出版社铅印本

〔内容介绍〕

全书收载《伤寒论》、《金匮要略方论》方一百零一首。每方注明出处，按组成、用法、功效、主治、方解、临床应用、按语、评述或实验研究、注意事项等进行阐述。是书重点介绍全国中医研究班任教老师岳美中、赵锡武、王文鼎、任应秋、刘渡舟等运用经方的经验，集国内著名经方家医术于一书，突显其临床指导作用。

042 **《张仲景方易记便学册》**

〔作者〕唐嘉燕辑

〔初版〕1981 年中医古籍出版社出版

〔内容介绍〕

本书由三部分合辑而成，其中“伤寒杂病类方”，将《伤寒论》和《金匮要略》中二百八十一方证的有关条文，以方带证，归类于桂枝汤、麻黄汤、葛根汤、柴胡汤等十六类中；“伤寒方歌纂”与“金匮方歌纂”，将伤寒与金匮方以歌诀形式编纂，每歌数句，包罗同类各方，易记便学。

043 **《经方发挥》**

〔作者〕赵明锐编著

〔初版〕1982 年山西人民出版社铅印本

〔内容介绍〕

本书是作者运用经方治疗各种病证近三十年的临床经验总结。所选方剂和治疗病证，皆经反复实践，并取其临床疗效卓著者。所选经方的特点之一是药物配伍少而精，服用中可免刺激脾胃；特点之二是疗效高，疗程短，避免慢性病变和后遗症；特点之三是药源丰富，可就地取材，减少患者经济负担。全书理论与临床联系紧密，论证准确，说理明畅，重在实效，为扩大《伤寒论》与《金匮要略方论》方剂的治疗范围作了有益的创新性发挥。

044 《经方临证集要》

〔作者〕张有俊编著

〔初版〕1983 年河北人民出版社铅印本

〔内容介绍〕

本书为作者多年来临床运用经方的体会与经验总结，但在编写过程中作者查阅了建国 30 多年来国内各期刊杂志和全国名老中医医案、医论与论著近 70 余种 2000 余册，广泛吸取了当代经方运用的成果。全书按经方在《伤寒论》与《金匮要略方论》中出现的先后顺序排列，个别略作调整。所录医案大都有明确的西医诊断，记载完整，确有疗效。各案之后附以按语，以前后贯通，相互阐发。案中处方药量均为公制。

045 《张仲景药法研究》

〔作者〕王占玺主编

〔初版〕1984 年科学技术文献出版社铅印本

〔内容介绍〕

本书旨在探讨张仲景在《伤寒论》及《金匮要略方论》中的用药规律。作者通过汇集资料，比较分析，对每一味药或每一个方剂进行研究，并结合前人及自己的经验，阐明张仲景组方用药和辩证施治的原则。全书共分两编，上编为药物部分，下编为方剂部分。编写体例为：上编简述药物的应用范围、配伍、剂量、禁忌等 4 个方面；下编从方药组成、功能、临床应用范围、方义分析、化裁、病案举例 6 个方面归纳。

046 《张仲景对药集》

〔作者〕王玉芝、吕昌宝编撰

〔初版〕1984 年山西省晋东南医学专科学校铅印本

〔内容介绍〕

本书整理《伤寒论》、《金匮要略》二书中对药 147 对，内容有对药组成、伍用功能、伍用原理、临床应用、原源及按语。伍用功能为作者总结，伍用原理根据中药药理归纳，临床应用为历代医家之经验，原源为对药的原始出处，按语有参考资料、作者体会及现代药理研究。是书有前人之论述，有今人之研究，有他人之经验，更有作者之己见。

047 **《经方的临床应用》**

〔作者〕陈宝田编著

〔初版〕1985 年广东科学技术出版社铅印本

〔内容介绍〕

本书作者在研究仲景学说心得基础上，融会了我国王文鼎、岳美中、赵锡武等许多著名老中医和日本汉方医家应用经方的新鲜经验，再以作者数十年来应用经方的心得体会整理编写而成。全书以方药出现的频度作为排列之序，共收经方 70 首，每首经方又按原文、方药组成与用法、适应病证、辨证与辨病、今方应用、类方鉴别、病例举要等项进行编写。

048 **《伤寒金匮汇证诠解》**

〔作者〕廖厚泽编著

〔初版〕1986 年北京中医古籍出版社出版

〔内容介绍〕

本书是北京文史研究馆资深馆员廖厚泽先生一生行医和研究仲景学说的学术经验总结，旨在阐释《伤寒论》与《金匮要略方论》的原义，并结合临床向后学者介绍辨证论治的入门方法及提高的途径。作者认为病脉证三者的关系是中医临证的决定性因素，把握这三点，以传承仲景辨证心法，许多疑难杂症便不难治疗。

全书分导言、伤寒汇证诠解与金匮汇证诠解三部分。第三部分对《金匮要略方论》前二十三篇进行诠解。诠解中既参考古今医家的注解，又加以比较分析，并扼要地提出己见。书中对个别原文的条次进行调整，以使文中病脉证的叙述更为显明，并尽力排除某些刊误与错解。

049 《经方要义》

〔作者〕石国璧等编撰

〔初版〕1986 年甘肃人民出版社铅印本

〔内容介绍〕

本书是在陈慎吾遗著《经方证治归纳表》的基础上，结合作者教学与临床体会，并吸纳当代中医名家研究成果而撰成。

全书列经方证治第一、经方证第二、经方主病、经方主脉、经方主证、经方药物、经方方剂等七表。一至二表收载《伤寒论》、《金匮要略》中的经方二百五十七首，附方十七首，内容包括方名、主治、证候、脉象、篇名条文号、经文节录等；三至六表分别以病、脉、证、药为纲进行归纳，设方名、方号、篇名、条文号及附注等项；第七表分列二百五十七首经方的药物组成、剂量、制法及方后注节录。书末附有古今剂量折算表。

050 《仲景方在急难重病中的运用》

〔作者〕邓嘉成等编撰

〔初版〕1989 年上海中医学院出版社铅印本

〔内容介绍〕

本书总结和反映了现代上海地区老中医运用仲景方对急难重病治疗的经验和特色。全书所列病名，以现代医学病名为主，编入病种60余种，皆属急症、难病、重病，范围涉及内、儿、妇、外科，每一病种下一般列有老中医方、方解、适应症、加减法、病案举例。书中介绍的30余位老中医，都对仲景方的运用具有丰富经验；所选70余首方剂，疗效显著。

051 **《仲景治法研究》**

〔作者〕王贯淼、朱国庆编撰

〔初版〕1989年温州市中医学会铅印本

〔内容介绍〕

作者为深入阐发仲景辨证论治学术，在系统整理以往论著基础上，采纳近期研究成果，以脏腑、病机与主证三条线为纲，结合《伤寒论》与《金匮要略方论》有关条文，对仲景治法加以科学概括与总结。全书先论总的治则，继述五脏不同治法，再议除热、祛寒、理气、理虚、止血、固涩、治淤、治水、痹、喘、胸痹、腹满、腹痛、痞呕、下利、厥、妇人血症等的常用辨治方法。

052 **《仲景内科学》**

〔作者〕张谷才编著

〔初版〕1990年上海中医学院出版社铅印本

〔内容介绍〕

本书旨在阐发仲景学说在内科疾病诊治中的学术价值与指导作用。作者将《伤寒论》、《金匮要略方论》两书的原文，分为伤寒、温病、时病、肺病、心病、肝胆病、脾胃病、肾膀胱病、血症、经络病、外科病、妇人妊娠、产后、妇人杂病等疾病编写，并根据两书的方剂主治，结合实际应用，补充头痛、眩晕、胃脘痛、胁痛、瘀血、失眠、噎膈、反胃、腰痛、便秘等病，以使经方治疗内科疾病进一步适应当今疾病的发展。每条原文的编写分为校勘、词解、提要、释义、应用五项，原文前有疾病的概说，原文后有证治小结，主要说明疾病的发病原因、病机变化、症状分型、治疗方法与方剂等，并根据原文的主治，结合临床实用，参考现代报道，重点介绍方剂的主治范围、适应症状、加减方法，使本书更适合临证应用。

053 **《经方使用标准》**

〔作者〕王克穷编著

〔初版〕1990 年甘肃科学技术出版社铅印本

〔内容介绍〕

本书意在给同道临床应用经方示以规范和准绳。对于临床使用率高的经方采用数理统计之法，取其概率最高的诸症状，并结合日本汉方医学的腹诊编撰而成。这些经方经临床验证，证明其标准简便易行，疗效可靠。全书编排体列为：每方首冠方名，然后标出该方的来源，再依次分列组成、用法、使用标准、禁忌症、医案、按语。

054 **《张仲景对药的临床应用》**

〔作者〕王玉兰等编著

〔初版〕1990 年北京科学技术出版社出版

055 **《经方用药研究》**

〔作者〕王永庆、吴凤全编著

〔初版〕1991 年黑龙江科学技术出版社铅印本

〔内容介绍〕

作者将经方中所有起治疗作用的药品，独立成篇加以论述，每味药设有 3 项内容：1. 概说：主要考订药物真伪，介绍今人对其成分的研究成果，以及中医对该药性味，功能、主治的传统认识。2. 运用：主要介绍该药在经方中的应用情况，提示仲景用药规律。3. 附方：将所有经方包括本药所组成的方剂全部列出。全书共分13部：金石部、人部、兽部、禽部、虫鱼部、草部、木部、果部、米谷部、菜部、水部、土部、造酿部，共论及药品174味。全书从药而求方，由方而溯证，勤求博采，参以己见，其中颇多创新之处。

056 **《仲景方与临床》**

〔作者〕陈伯涛原著，陈克敏整理

〔初版〕1991年中国医药科技出版社铅印本

〔内容介绍〕

本书是作者从医五十年来对仲景学说研究心得与临床实践的总结。全书共三章，第一章：伤寒论概要，介绍仲景学说的基本内容、理论价值和实践意义；第二章：伤寒论古方今用；第三章:《金匮要略方论》方的临床应用。全书反映了作者研究仲景学说寓理论于实践之中并立足创新的学术造诣，颇具实用价值。

057 **《经方中药研究集成》**

〔作者〕林乾良、王贵淼编著

〔初版〕中医古籍出版社1992年8月铅印本

〔内容介绍〕

作者应用数理统计方法在中药学范畴内分析《伤寒论》与《金匮要略方论》用药规律。作者以本人已完成的该方面研究成果为基础，综合历代到1986年的相关文献资料，包括国外学者（主要是日本）的一些专著与论文，紧密联系临床并运用中西医结合方法，对经方中药研究成果加以全面系统的分析阐发。全书分为上、下编。上编为总论，论述仲景方剂、药物统计、方名、炮制、配伍、加减法、药量、煎药法、剂型、服法、外治法与针灸以及治则研究情况；下编各论，分“两书同用药”、“《伤寒论》单用药”、“《金匮要略方论》单用药”三个部分，以单味药为序，从统计、功效主治、配伍运用、禁忌、炮制、用量用法等多方面给予评介，并附有参考文献。

058　**《经方临症指南》**

〔作者〕刘渡舟主编

〔初版〕1993 年天津科学技术出版社铅印本

〔内容介绍〕

本书系著名中医学家刘渡舟毕生运用经方经验的总结，由其门人姜元安整理而成。全书分上下二编，上篇精选刘渡舟经方治验 207 例，并附其门人姜元安治验 19 例；下编收入刘渡舟教授医论 12 篇。所选医案和医论，紧扣临床治疗，从辩证思路，病机认识及方药特点各个方面阐述了经方的临床运用。全书融理论与实践为一体，揭示了刘渡舟善用经方治疗疑难杂症，知守善变不落窠臼，且不薄时方、兼通诸家并蓄其长，又长于创新方的学术特色，是现代临床运用经方的力作。

059　**《当代医家论经方》**

〔作者〕刘渡舟等主编

〔初版〕1993 年中国中医药出版社铅印本

〔内容介绍〕

本书在广泛征集的基础上，选编了我国当代中医界近 200 余篇专门研究经方的学术论文。其中既有国内研究《伤寒论》、《金匮要略方论》学者刘渡舟、何任、万友生、班秀文、谢海洲、张琪、欧阳锜、柯雪帆、时振声、李今庸、杨百茀等专家的论作，又不乏后起之秀的医学论文。选入的每篇文章，都有一定的创新之见，能给读者以新的启迪。这些论文既介绍了他们应用经方的经验、心得体会及研究经方的思路与方法，又反映了我国中医界经方研究的进展与水平。

060 **《经方应用与研究》**

〔作者〕姜春华、戴克敏编著

〔初版〕1994 年中国中医药出版社铅印本

〔内容介绍〕

本书汇聚了我国当代名医姜春华毕生研究《伤寒论》、《金匮要略方论》的学术成果与心得体会。全书精选其运用经方的临证验案，按类方的形式排列。每首方剂编写体例为：单味药研究、方药组成、适应证、方解、应用、研究。全书行文简洁，论述精确，具有较高的临床指导作用。

061 **《仲景护理与临床》**

〔作者〕王爱荣、张彩凤主编

〔初版〕1994 年中国中医药出版社铅印本

〔内容介绍〕

本书对张仲景《伤寒论》、《金匮要略方论》中有关护理方面的内容进行全面的挖掘与系统整理。全书分总论和各论，总论部分阐述仲景护理学术的渊源、发展、内涵及当今临床运用；各论部分分三章，前二章详细介绍伤寒与杂病的护理内容，包括病情观察、煎药、服药护理、辩证施护与生活起居等，后一章则论述中医传统护理技术与操作方法。全书内容既体现张仲景护理思想的原意和特点，又适当收载后世医家在护理方面新的研究和发展。

062 **《仲景辨证治疗学》**

〔作者〕戴玉、赵安业编著

〔初版〕1995 年中国中医药出版社铅印本

〔内容介绍〕

本书是一部阐发仲景辨证论治学说的专著。全书分总论和各论两部分。总论主要介绍仲景生平著作、仲景辨证体系、仲景辨证原则、仲景治疗思想、仲景基本治法；各论对六经各证在“论——治”的指导下，从原文、词解、提要、论治、方药、选注、按语等方面进行论述。全书专从辨证与论治角度对仲景原著条分缕析，溯源究流，间参己见，且有发明。为便检索，书后附有条文索引与方剂索引。

063 **《实用经方集成》**

〔作者〕杨百茀、李培生主编

〔初版〕1996 年人民卫生出版社铅印本

〔内容介绍〕

本书以人民卫生出版社出版的《注解伤寒论》、《金匮要略方论》为蓝本，同时结合全国高等医药院校教材《伤寒论讲义》、《金匮要略讲义》之内容，将二书所载方剂按病证出现先后次序归类编排。首列导论，综述经方历代运用、研究现状及前景展望。下列各方，每方之下，又分原文汇要、适应证候、类证辨析与组成、用法、方药功效、方论选录、临床运用、实验研究之顺序编写。全书汇编了古今医家经方运用成果与经验。书后附有方剂索引，以便检索。

064 **《仲景方药现代研究》**

〔作者〕叶森主编

〔初版〕1997 年中国中医药出版社铅印本

〔内容介绍〕

作者从药物学与方剂学的角度，系统地研究《伤寒论》与《金匮要略方论》中丰富的方药学内蕴。全书分为十一章，论及仲景方药学的各个方面，主要有仲景用药、制方规律、制剂技术、汤方辨证与汤证以及仲景方剂量考证与统计、用药方法与护理、方药与治法、类方分析与仲景食疗方药等。第十一章则详细阐述白虎汤等主要经方的现代药性研究与现代临床应用进展，并附有详尽的参考文献。

065　**《经方用药真谛》**

〔作者〕张树生主编

〔初版〕1997 年中国医药科技出版社铅印本

〔内容介绍〕

作者将《伤寒论》与《金匮要略方论》两书所用的药物融为一体，全面系统地进行研讨，探本求源，揭秘传妙，以达古为今用、弘扬仲景药术之目的。全书以仲景原文为依据，并博采古今医家所论，按原著论及药物顺序排列，对各药在原文中应用的次数、效用、特长及所涉方证的配伍意义，给予详细论述，以便临床实用。书后所附 4 篇论文，综合探讨仲景用药法则、规律与方法。

066　**《经方配伍用药指南》**

〔作者〕尚炽昌、王付主编

〔初版〕1998 年中国中医药出版社铅印本

〔内容介绍〕

本书在对《伤寒论》、《金匮要略方论》方剂的组方配伍与临床运用进行系统与全面发掘研究的基础上，广搜博集古今有关文献，并结合自己的临床实践体会与经验编撰而成。全书按经方主治病证分为十六大类，对每则方剂按组成、用法、功效、主证、方义、现代应用、现代研究、注意事项与禁忌阐述。各项论述有详有略，尤其“方义”、“现代应用”与“现代研究”及“注意事项”，紧密联系当前临床实际，反映最新研究成果。书后附有证型、方剂索引，方便查检。

067　**《仲景方药研究应用精鉴》**

〔作者〕尚炽昌、冀春茹、苗明三主编

〔初版〕1999年人民军医出版社铅印本

〔内容介绍〕

作者认为，经方位重权贵，研究时久泛广，特别是近几十年随着经方应用的广泛、研究的深入和发展，对经方进行著书立论进行探讨，时时有新，但已有论著多为随文注释，少有结合临床应用，多从整理古论入手，少有系统现代研究，即是有现代论述也多为散在不系统，而随着科学技术之发展，经方之现代研究已有不少新成就出现，各种观察指标不少趋于客观化、微观化、定量化，其内容广泛涉及药学、药理、生化、病理、分子生物学、核医学等，与现代科学在许多方面有所交融，于是深感系统整理总结提高之必要，故编撰此书。全书所收经方以中医高校五版教材《伤寒论》、《金匮要略》载方为蓝本，并收载少数有争议的经方。全书突出经方的现代研究及应用，特别是近年对经方的药学、药理学方面的研究，从现代医学角度对经方的应用进行多方论述，以求反映仲景方药的现代研究全貌。

068　**《伤寒杂病论临床用方必读》**

〔作者〕王付编著

〔初版〕2002年中医古籍出版社铅印本

〔内容介绍〕

本书从仲景所论整体中研究、探讨与发掘辩证论治体系，使仲景所论理、法、方、药在整体中紧密地结合在一起，对学习与应用《伤寒杂病论》，指导临床以及辩治疑难杂病具有极高的切合实用的意义。

本书共十六卷，卷一辩脏腑经络先后病脉证，卷二辨太阳病脉证并治，卷三辨阳明病脉证并治，卷四辨少阳病脉证并治，卷五辨太阴病脉证并治，卷六辨少阴病脉证并治，卷七辨厥阴病脉证并治，卷八辨百合狐惑阴阳毒疮痈脉证并治，卷九辨中风历节血痹虚劳病脉证并治，卷十辨痰饮水气黄汗消渴淋病脉证并治，卷十一辨吐衄下血胸满瘀血病脉证并治，卷十二辨奔豚转筋狐疝蚘虫病脉证并治，卷十三辨五脏风寒积聚黄疸病脉证并治，卷十四辨妇人妊娠产后杂病脉证并治，卷十五辨霍乱病脉证并治，卷十六辨阴阳易差后劳复脉证并治。编写的具体内容是：原文，临床指导，古今医论，治法，方药，用药要点，古今方论，应用指导，药理作用等。全书思路新颖，重在创新，内容翔实，切合实用。

069 《温病·伤寒·金匮经典速览》

〔作者〕刘公望主编

〔初版〕2003 年华夏出版社铅印本

〔内容介绍〕

作者认为中医临床基础学科由“伤寒论”、“金匮要略”、“温病学”三个部分组成，它们是中医理论与临床实践相结合的典范。全书分三篇，介绍《伤寒论》的方与证、《金匮要略》的方与证与温病学的方与证。为方便临床医务人员对中医临床基础学科内容的学习，作者编写此书。

070　《经方学用解读——教你学好用活中医古方》

〔作者〕王付编著

〔初版〕2004 年北京人民军医出版社铅印本

〔内容介绍〕

本书是作者在对仲景经方多年应用和研究的基础上，结合目前国内外中医药临床研究及理论进展情况总结编撰而成。全书分 17 章，共 260 个方剂，其中代表方 109 个，类方 151 个。本书从辨治基本病证为切入点，以提高学用基本代表方为核心，对每个方剂的药物组成、剂量、煎服方法、适应证、配伍原则、临床应用指导、经方原方以及方剂中主要药物的最新研究进展等均做了详细介绍。其特色是点拨学习应用方剂的思路和要点，并借鉴医案助读介绍实际病例，提高感性认识，加强理论与临床实践的联系，从而达到学好用活中医古方的目的。

071　《张仲景用方解析》

〔作者〕冯世伦、张长恩编撰

〔初版〕2004 年人民军医出版社铅印本

〔内容介绍〕

全书分上下篇，上篇论述经方理论和学术观点，下篇详细介绍二十七类方证的 257 个汤方。各汤方均按照组成、用法、方解、仲景论述解析、临证思考、辩证要点及验案进行论述。本书的特点是每个方证皆参考张仲景的论述及临床经验、具体病例，理论联系实际，学以致用。

072　《〈伤寒杂病论〉症状鉴别与治疗》

〔作者〕王付编著

〔初版〕2005 年人民卫生出版社铅印本

〔内容介绍〕

本书从症状学的角度出发，提炼出《伤寒杂病论》中的各个症状表现，予以科学地归纳和分类，并加以逐一的阐释，从而可以更有针对性地指导临床辩证论治。同时，书中附有清晰简明的表格，对同一症状所在的不同证候加以鉴别，据此即可准确地掌握相应的用方治法，最有效地达到治愈疾病的目的。

全书共分三篇。上篇为局部症状，中篇为全身症状，下篇为杂论。全书思路新颖，层次清晰，易学易用。

073 **《张仲景方药实验研究》**

〔作者〕彭盦、王洪蓓主编

〔初版〕2005 年中国中医药科技出版社铅印本

〔内容介绍〕

作者选择疗效显著的仲景汤方 74 首，并参阅近 40 年来 200 余家国内外期刊和有关书籍记载，力求全面准确地反映目前在仲景汤方药理研究方面的实际水平。全书根据功效分章对仲景方剂的研究现状进行综合整理，并附《伤寒杂病论》部分病症的实验研究。

074 **《伤寒杂病论的思辨要旨》**

〔作者〕王付编著

〔初版〕2006 年人民军医出版社

〔内容介绍〕

作者认为，研究与应用《伤寒杂病论》，必须以新的思维方法角度认识原文辩证精神，以新思维全面领会原文整体辩证论治体系。如何将其中的辩证方法和用药原则熟练地应用到临床中去，这就是本书旨在解决的核心问题。

全书共16章，作者按照《伤寒杂病论》辩病证的基本顺序，分别以仲景原文、临床思维点拨、辩类似证、治疗方法、方药组成、用药特点、用方提示、用方比较、医案体会等板块，结合现代临床医疗实践，逐条、逐病阐述分析，旨在提示和点拨读者临床思维方法，开拓学习思路，提高辩证论治、遣方用药的技能。

075 《类聚方》

〔作者〕（日）吉益东洞编撰

〔成书年代〕1762年

〔内容介绍〕

本书为日本汉方医家早期研究经方之作，在日本汉医界至今仍颇有影响。作者对《伤寒论》和《金匮要略方论》中的方剂进行整理归纳，并以分类排列形式系统地阐述经方的临床运用。全书将经方分为桂枝汤类、麻黄汤类、葛根汤类、小柴胡汤类、白虎汤类、承气汤类等，每方先列方药组成，次为煎服法，再载本方在原著中的主治条文，最后加按语。作者参阅历代医家论述并参以己见，对方中药物组成、剂量、煎服法、主治功能等加以考究，务求精确。对某些观点的阐述，凡见于作者其他著作，则不再叙述，以“可考××”之语示明读者。

〔现有印本〕

1. 1955年、1957年人民卫生出版社铅印本

2. 《皇汉医学丛书》本

076 《古方通览》

〔作者〕（日）佐藤正昭编

〔成书年代〕1799年

〔内容介绍〕

本书又名《古方鉴》。全书编述《伤寒论》和《金匮要略》

两书的方剂，介绍时以方列证，便于检览。

〔现存版本与馆藏地点〕

1. 日本嘉永三年庚戌（1850）松敬堂刻本 139　152

2. 清光绪十一年（1885）上海福瀛书局刻本　139　421　590　706　839A

077　**《上世方证鉴》**

〔作者〕（日）铃木一贯撰著　门人　同州荒井　养庵季直校订

〔成书年代〕1816 年

〔内容介绍〕

作者毕生研究汉方，“采摭经方，盖自殷周以迄东汉”编作三帙，一曰上世方，二曰中世方，三曰后世方，因号三世方证鉴。本书收集东汉及之前医方，故著者称其为上世之方，其实所收之方大都出自《伤寒论》和《金匮要略方论》。作者以仲景著述中的方药为主，再分别以组方的首味药名类方，凡方内含有该药名者，即归一类。其类目分为：桂枝、麻黄、青龙、葛根、瓜蒂、厚朴、大黄、虻虫、柴胡、芍药、甘草、四逆、附子、乌头类等43 类，共计283 方，其中《内经》方10 首。每方之下标明出处，论述主治证、组成、药量及用法等，并采诸书精华而补注，每方加按语而详释。

作者强调“治疾之际，方证相对，是谓获候病之准绳也；铢两煎熬，无毫厘差，是谓获除疾之规矩也”，批评药物在流传过程中出现计量混乱而影响疗效、危及生命，故考竟源流，寻求正误。书后列古今病名对照表，将论误之处，予以纠正。

〔现存版本与馆藏地点〕

日本文政四年（1821）三岛馆刻本　139

078 **《张氏方函》 附份量考略剂率**

〔作者〕(日) 藤田大信编撰

〔成书年代〕1823 年

〔内容介绍〕

作者系日本著名汉方医家吉益东洞弟子，承其师说，认为“医之学也，方而已矣，岂有他术哉”，故从其师所集《类聚方》、《方极》中研究仲景方组方用药之规律，撰成是书。全书共收仲景方 164 首，并《金匮要略方论》中所附后世方（主要是《千金方》、《外台秘要》方）16 首，合计 180 首。后附附方及分量考略。对仲景方及《金匮要略方论》所载后世方，从药味、主治病证、组方规律、分量特点等逐一剖析，多传吉益氏观点。在用药分量上强调随病情轻重缓急加减药量，为藤田氏所反复论说，表明当时医家存在着用药照搬古方、分量不变或少变之弊。附方载吉益氏经用有效方 19 首、丸散丹圆方 22 首，每方仅有方药及煎服法，主治病证因所著《药征》、《遗秉》二书尽载而省略。分量考略有对古今剂率及分量的考证，论说明白，定量准确，易于遵行，对后世医家使用仲景方时掌握用量有一定参考意义。

〔现存版本与馆藏地点〕

日本文政六年（1823）终古堂刻本 139

079 **《经方辨》**

〔作者〕(日) 山田业广撰

〔成书年代〕1879 年

〔内容介绍〕

本书主要辨析三十多首《伤寒论》和《金匮要略》方，从原委、体用方面加以阐释，有助于对经方的理解。

〔现存版本与馆藏地点〕

日本明治十二年济众病院铅印本　139　590

080　**《皇汉医学》　三卷**

〔作者〕（日）汤本求真撰，刘泗桥译

〔成书年代〕1927 年

〔内容介绍〕

本书以张仲景《伤寒论》、《金匮要略方论》两书为基础，先是综合性论释，再分述中医治疗原则，又述及中医诊断学。后部则以方剂为主，另述各方的主治症候。内容多有作者结合西医学说来论释中医理论的篇章。

〔常见版本与馆藏地点〕

1. 1929～1931、1934～1935、1939 年中华书局铅印本　1　2　3　9　21　139　186　202　289　301　303　308　309　361　381　385　433　461　541　546　589　590　701　706　707　741　746A　781　799A　800　831　839A　851　852　901　907B　917A　921　922　931　939

2. 1956 年人民卫生出版社铅印本

（四）其他

081　**《仲景研究文集》**

〔作者〕浙江中医学院编著

〔初版〕1982 年浙江中医学院铅印本

〔内容介绍〕

本书收集浙江中医学院教师编撰的关于仲景研究的部分论文

和该校教授林乾良编撰的《张仲景》电影文学剧本。论文分为两部分：一是关于张仲景塑像的有关评论。二是张仲景研究学术论文，即关于《金匮要略方论》和《伤寒论》以及两书中方药临床应用的论文。

082 **《中国医籍大辞典·伤寒金匮类》**

〔作者〕本辞典编委会编

〔初版〕2002年上海科技出版社铅印本

〔内容介绍〕

本辞典收录上自先秦，下迄2000年的中医药书目23000余条。每书书目之下扼要介绍卷册、著作、成书或刊行年代、流传沿革、内容提要、学科特点或价值、出版、收藏单位及版本存佚情况。其中“伤寒金匮类”，共录著作983种。

083 **《张仲景研究集成》**

〔作者〕钱超尘、温长路主编

〔初版〕2004年中医古籍出版社铅印本

〔内容介绍〕

本书全方位地汇集仲景生平家世、学说起源、学术精华、研究应用、传承发展等内容，将《伤寒杂病论》问世以来，特别是近百年来国内外专家、学者研究仲景学说的成果融为一炉，并经过周密细致的设计、分类、加工、剖析，比较集中地反映了张仲景不平凡的一生和仲景学说在祖国医学史上的崇高地位及巨大影响。本书既是对仲景学说的历史总结，又是对后世研究成果的全面展示，为读者学习和研究仲景学说提供了一部系统的资料性图书。

084 **《东洞先师方极删定考证》**

〔作者〕（日）邨井杶（大年·琴山）撰

〔成书年代〕1772 年

〔内容介绍〕

本书又名《方极删定》。宝历五年（1755），吉益东洞另一弟子品玄左书先师所悟仲景不传之法以传天下，即坊刻本《方极》一书。该书影响甚大，然其中或有与作者所受学不同者，“是盖品玄左之笔所受之所谬也”，故作者正其文字及事实之误，以授己之门徒，名其书曰《方极删定》。全书先录《方极》中有误条文，后加“按”以正其失。凡文字、病证、方药分量有未妥者，均据作者所知和《类聚方》及《脉经》、《外台秘要》等名著所载予以订正。全书共订正条文 97 处，其中不少条文的订正、补充很有价值，对后世学习、理解《伤寒论》、《金匮要略方论》有所裨益。

〔现存版本与馆藏地点〕

日本宽政二年（1790）平安书肆林权兵卫刻本 139

085 **《伤寒金匮称量考算量考》**

〔作者〕（日）浅野先醒 正木先醒合撰

〔成书年代〕1781 年

〔内容介绍〕

本书系对我国古代度量衡制进行考证专著。

浅野先醒所撰《伤寒金匮称量考》，广泛引述《汉书·律历志》、《隋书·律历志》、《名医别录》、《唐新修本草》等书的称量变化过程。首例称则，例举称量标准，继加按语，以释其义，再考征众说，详明变革。作者广征博引，说明我国历代度量衡种类繁多，中世方书，有复称单称之分，后汉以来分一斤为二斤，一两为二两，对于称药分量，尤应注意区别。

正木先醒所撰《分量算考》首论数学起源，次陈各家学说，再参以己见，简疏舛谬。详评列图表，并附图解。

〔现存版本与馆藏地点〕

1. 日本天明元年辛丑（1781）刻本　139

2. 日本宽政三年辛亥（1791）文草堂刻本　590

086　《经方权量略说》

〔作者〕（日）喜多村直宽撰

〔成书年代〕1854 年

〔内容介绍〕

本书主要对仲景方之药量加以考证，如铢、两、斤、分、斗、升、合以及枚、尺等，并摘录狩谷望之度量沿革表等。

〔现存版本与馆藏地点〕

日本学训堂聚珍版刻本　590　781

二、本 文

约公元3世纪初，张仲景撰著《伤寒杂病论》。东汉至西晋期间，由于兵戈扰攘，原书散佚。北宋初，翰林学士王洙在翰林院残旧书籍中发现了《金匮玉函要略方》一书，此书乃张仲景所著《伤寒杂病论》的节略本。全书共分3卷，上卷论伤寒，中卷论杂病，下卷记载方剂及妇科理论和处方。北宋校正医书局在对《内经》等医籍校刻时，林亿等鉴于晋王叔和编次的《伤寒论》已有刊行，于是删去其书上卷，保留了中、下2卷中论述杂病和妇科疾病的治疗部分，并把下卷中的方剂分别列于相应条文之后，编为上、中、下3卷。此外，又采集各家方书中记载张仲景治病的医方及后世良方，分别附于各篇之末，定名为《金匮要略方论》，后世习称此书为《金匮要略》或《金匮》。

是书问世后，历代翻刻不断。现存刻本近20种，最早的是元后至元六年（1340）邓珍序刻本，影响最大的是明万历二十九年（1601）吴勉学校刻《古今医统正脉全书》本。在传世的这些刻本中，间有校勘，但着力不多。历代注本与阐发之作，如清吴谦的《订正仲景全书金匮要略注》等，民国黄竹斋的《金匮要略方论集注》等，日本汉方医家丹波元简的《金匮玉函要略辑义》等，以及1959年南京中医学院金匮教研组的《金匮要略译释》和中国中医研究院的《金匮要略语译》，1984年刘渡舟先生的《金匮要略注解》等著作在编撰中虽多有校勘，但重在注释与发挥，故放入“注本”与“阐发”中予以推介。唯何任先生于1990年主编的《金匮要略校注》（国家卫生部与中医药管理局第一批“重点中医古籍整理项目”）和郭霭春先生等编著的《金匮要略校注语译》，重在校勘且规范严谨，是本书目前最佳之精校精注本，故列入“本文”。

087 **《金匮要略方论》 三卷**

〔作者〕东汉·张机（仲景）原撰，晋·王熙（叔和）集，宋·林亿整理

〔成书年代〕1023~1063年间

〔内容介绍〕

本书又名《金匮玉函要略方论》，历代简称《金匮要略》。原系《伤寒杂病论》的杂病部分，后经宋·林亿整理校订题为现名，是我国古代第一部系统论述杂病诊治的专著。作者张仲景，名机，南郡涅阳（今河南省邓县）人，我国东汉时期著名医家。曾拜同郡名医张伯祖为师，精研医理，勤求古训，博采众长，深入研究《内经》理论，广泛搜求民间方书，充实弘扬伊尹汤液疗法，结合本人丰富的医疗经验，撰成本书。书中论述了四十余种疾病的治则与治法，确立了以脏腑经络学说为核心的辩证论治原则，首创辨病与辩证相结合的诊疗体系，还提出了“同病异治”、“异病同治”以及“早期治疗”、“表里缓急”、“新久先后”、“审因论治”、“随五脏所喜进行治疗”等治则，并充分体现了汗、吐、下、和、温、补、清、消等治法。书中创制了众多经典方剂。在中医古典医著中，《伤寒杂病论》之前的《内经》仅载方13首，且大多属于单方验方，而本书载方262首，前22篇载方205首，其中理、法、方、药俱全的有201首（有四首方剂只列方名未载药味），使用药物213味。张机在因证立法、依法遣方方面积累了比较系统的理论知识与经验，其方药历经近2000年的临床验证，疗效显著，沿用至今。张机还研制出多种中药制剂，书中论述的中药剂型种类颇为纷繁，除常见的汤剂之外，还有丸剂、酒剂、散剂、洗剂、熏剂、浴剂、搐鼻剂、肛门和阴道栓剂等。

全书以疾病分篇，共六大部分，分二十五篇。每篇中或一病或数病、或有病有证。所述病证以内科杂病为主，兼有部分外科、妇产科疾病。具体如下：

（一）《脏腑经络先后病脉证第一》总论全书大纲大法，对杂病的预防、病因、病机、病种、传变、转归、诊断、治则等都作了原则性的概论，提纲挈领，总贯全书。

（二）《痉湿暍病脉证治第二》、《百合狐惑阴阳毒病脉证治第三》、《疟病脉证并治第四》、《中风历节病脉证并治第五》、《血痹虚劳病脉证并治第六》、《肺痿肺痈咳嗽上气病脉证治第七》、《奔豚气病脉证治第八》、《胸痹心痛短气病脉证并治第九》、《腹满寒疝宿食病脉证治第十》、《五脏风寒积聚病脉证并治第十一》、《痰饮咳嗽病脉证并治第十二》、《消渴小便不利淋病脉证并治第十三》、《水气病脉证并治第十四》、《黄疸病脉证并治第十五》、《惊悸吐衄下血胸满瘀血病脉证并治第十六》、《呕吐哕下利病脉证并治第十七》等为内科杂病部分。它们分别论述了痉、湿、暍、百合、狐惑、阴阳毒等三十六种病证的病因、病机、脉证、治疗原则和使用方药，是本书的主要内容。从现代医学角度来看，该书所列病证包括了循环系统、呼吸系统、消化系统、神经系统、泌尿生殖系统以及血液病、内分泌病等内容，几乎对西医内科学中各个方面的疾病都有所论述。虽然所论甚简，但其辩证治疗的原则和认识都为后世中医内科学的形成奠定了基础。

（三）《疮痈肠痈浸淫病脉证并治第十八》、《趺蹶手指臂肿转筋阴狐疝蚘虫病脉证并治第十九》二篇为外科、皮肤科部分。它们记述了疮痈、肠痈、浸淫疮等后世划归疡科的疾病，并附一些跌仆损伤、金创等外伤病及蚘虫病。其主要内容，是为内痈、外痈的治疗示其方略，为外科学的形成打下了初步基础。

（四）《妇人妊娠病脉证并治第二十》、《妇人产后病脉证并治第二十一》、《妇人杂病脉证并治第二十二》三篇为妇产科部分。本书论述妇科以妊娠、产后、杂病分篇，启示了后世胎、产、经、带的分类方法。其对妇科病的内治、外治等方法及方剂的制定，对后世妇科学的发展和独立分科的形成具有重大影响，是后世妇科学的雏形。

（五）《杂疗方第二十三》记载对各种意外死亡的抢救。其救自缢之法，颇似今日之人工呼吸法。

（六）《禽兽鱼虫禁忌并治第二十四》、《果实菜谷禁忌并治第二十五》二篇论饮食禁忌及中毒抢救。两篇前部论述饮食与疾病的关系以及若干药食原则，如“凡煮药饮汁，以解毒者，虽云救急，不可热饮，诸毒病得热更甚，宜冷饮之”以及“肝病禁辛，心病禁咸……”等等，后部记述了许多动物性食物的禁忌以及食物中毒抢救解毒方法，保存了古代一些解毒方药。这一部分由于时代局限，有些荒诞之说，读者当予注意。

由于本书在理论和临床实践上都具有较高的指导意义和实用价值，对后世临床医学的发展有着重大的贡献和深远的影响，古今历代医家都对其推崇备至，赞誉其为医方之经、方书之祖与治疗杂病的典范。自刊出后，翻刻本多达 20 余种，各种注本及多种形式的研究著作层出不穷。

〔常见版本与馆藏地点〕

1. 明万历二十九年辛丑（1601）吴勉学校刻古今医经正脉全书本　2　277　572　590　907C

2. 清光绪二十年甲午（1894）成都邓氏崇文斋刻本　521　541　831　854

3. 1919 年上海商务印书版影印四部丛刊本　1　2　3　21　139　186　202　251　303　381　401　461　462　511　522　541　590　651　664　702　707　721　738A　741　746　746A　781　791　839A　851　852　854　901　907B　907C　911

921　922　931

4. 1936 年上海中华书局铅印四部备要本　1　3　139　251　279　301　381　421B　421　433　450　461　462　476　541　572　590　651　664　677　702　707　721　728　738　738A　741　791　800　851　852　901　907C　911　921　922　939

5. 1954～55 年商务印书馆据《古今医统正脉全书》铅印本（书名为《新编金匮要略方论》）

6. 1963 年、1978 年人民卫生出版社铅印本

088　《金匮入门》

〔作者〕陈景岐编

〔成书年代〕1934 年

〔内容介绍〕

载《金匮要略方论》原文二十二篇及陈修园《金匮方歌括》，无注解。

〔现存版本与馆藏地点〕

《中国医学入门丛书》本　1934 年上海中西医书局铅印本　1　139　186　254　358　421B　590　799A　907B　907C　940

089　《金匮要略方论正本》

〔作者〕张骥校补

〔成书年代〕1938 年

〔内容介绍〕

本书对张仲景《金匮要略》原文进行了校补。

〔现存版本与馆藏地点〕

现存成都著者自刻本　301

090　《金匮要略校注》

〔作者〕何任主编

〔初版〕1990 年人民卫生出版社铅印本

〔内容介绍〕

本书系卫生部与国家中医药管理局第一批“重点中医古籍整理项目”，由著名金匮专家何任主编。本书以元代邓珍仿宋刻本为底本，以明代赵开美刻本、吴勉学刻本为主校本，以明代无名氏仿宋本、俞桥本为旁校本，并以明代赵开美《仲景全书》刻本等为参校本，校注整理次序为提要、原文、校注、按语、校注后记。“提要”以篇为单位，对原著前 22 篇分别在篇名下概括全篇主要内容，后 3 篇不作提要。正字形，明字音，辨抵梧，释词句，删衍补阙，消疑解难，是本书重点内容。各条文之后，又依原文具体情况酌加按语。书末附有校注后记。

本书既保持了仲景宋本《金匮要略方论》的原貌，又体现了近代以来学者研究《金匮要略方论》的新成就，故具有很高学术价值，是目前学习研究《金匮要略方论》的最佳版本之一。

091　**《金匮要略校注语译》**

〔作者〕郭霭春、王玉兴编著

〔初版〕1999 年中国中医药出版社铅印本

〔内容介绍〕

本书是我国九十年代又一部校注与语译《金匮要略方论》的力作。作者郭霭春先生系中医大家，医经研究功底深厚，认为“《金匮》之书乃晚出，佚文衍脱不能无”，乃取《金匮要略》历代刻本 9 种与注本 35 种为校注之参考，又选《内经》等 21 种医著为旁证，对原著二十五篇补脱删衍与注释语译。全书按原著顺序编排，每条均有原文、校注与语译三项。末附“金匮医籍未见书目”与“金匮原文索引”，可供检索。

三、注　释

《金匮要略方论》问世以来，历代注家迭起，佳作层出不穷。现存最早者，为元末明初赵良仁的《金匮方论衍义》。有清一代，周扬俊、徐彬、程林、沈明宗、魏荔彤、尤怡、黄元御、陈念祖、唐容川与吴谦之作，史称十大家，迄今影响深远。其他如张志聪的《金匮要略注》等，亦独具心得，各有擅长。民国黄竹斋的《金匮要略方论集注》与吴考槃的《金匮要略五十家注》，因汇集历代注家之说，资料丰富。日本丹波氏父子的《金匮玉函要略辑义》与《金匮玉函要略述义》，集日本古代汉方医家《金匮》研究之大成；后起之秀喜多村直宽、山田业广及冈田研吉之作，亦功力不浅。

（一）全注

092　**《金匮要略注》　四卷**

〔作者〕清·张隐庵（志聪）注

〔成书年代〕1664 年

〔内容介绍〕

本书是《金匮要略方论》注本中较早的一部全注本。作者认为："杂疗诸方，亦仲祖于《玉函》内辑其切要者，取意大有微妙，示及诠注，古俟后贤参之。"作者系原著作者张机后裔，又为钱塘医派的中坚人物，在本书注解中禀承该派"尊经维古"

的学术思想，重视以经解经，所引用的经典医著有《素问》、《灵枢》、《伤寒论》、《难经》等，其中尤以《内经》、《伤寒论》为最多。全书“探讨理文，不以藻饰章句”，“解释方意，字必钩深，会悟治法，句必尽窥，非旧穿凿，期以阐扬”。

〔现存版本与馆藏地点〕

1. 清康熙二十二年癸亥（1683）文瑞堂刻本，藏南京图书馆、苏州中医医院图书馆（有批注） 2 651 677A

2. 1999 年中国中医药出版社《张志聪医学全书》铅印本

093 **《金匮要略论注》 二十四卷**

〔作者〕清·徐彬（忠可）撰注

〔成书年代〕1671 年

〔内容介绍〕

本书又名《张仲景金匮要略论注》。全书以《金匮要略方论》徐镕刻本为底本，按原书名篇分卷，唯将第二十五篇“果实菜谷禁忌并治”并入第二十四篇“禽兽鱼虫禁忌并治”中，余者悉如徐本。卷首载有徐镕原序、徐彬序跋及“张仲景灵异记”。全书旁征博引，或依据于典籍，或取材于前贤，而不拘于一家之言，引证《内经》、《难经》、《伤寒论》，并旁通《千金方》、《外台秘要》、《脉经》，以及刘河间、张洁古、李东垣、薛立斋、李时珍诸家，尤重其师喻昌意，然亦不乏己见。如百合病，徐氏认为缘其“邪久留连之际，搏结于脑，则猝难脱身”，发前人之未发；又鉴别历节与黄汗，以为黄汗“有类历节，但当以发热别之也”，并谓“黄汗重在肿，历节重在痛；但黄汗之肿及头面，而历节独在足；历节之痛偏关节，而黄汗之痛或单在胸”，言简而意赅；对于疾病的发生进退，注重元气盛衰，强调脾肾之元气不可不养。注者以深厚之文字基础，和对《金匮要略方论》全书融会贯通之功底，结合自身的心得体会及临床经验阐述经文。对原文中讹字疑义，多缺疑或注明己意，不妄删改，以示审慎。全书有注解，有论述，有正义疏释，有剩义，有总括，且注中精意宜详味者用密圈○○○，其有翻剥者用密点···，其有就经文逐字注释者，悉用空尖（）（）（）。分门别类，匠心独具，为诸《金匮要略》注本所仅有，是《金匮要略》诸注本中颇有特色者。《四库全书总目提要》曰："汉氏遗书，文句简奥，而古来无注，医家猝不易读。彬注成于康熙辛亥，注释尚为显明，今录存之，以便讲肄。"

〔常见版本与馆藏地点〕

1. 清康熙十年辛亥（1671）刻本 3 21 139 152 251 301 385 475A 529A 541 651 871 896A 907C 939

2. 清光绪五年己卯（1879）校经山房、扫叶山房刻本 433A 701 746A 907C

3. 1914 年上海校经山房石印本 139 301 308A 391 521 541 721 738A 839A 907C 931

4. 1993 年人民卫生出版社铅印本（点校本）

094 《金匮要略直解》 三卷

〔作者〕清·程林（云来，静观居士）撰

〔成书年代〕1673 年

〔内容介绍〕

本书采取"以经证论"之法，以《灵枢》、《素问》、《神农本草经》、《针灸甲乙经》、《中藏经》、《伤寒论》为依据，对历代名家有确论者也兼采之，按《金匮要略方论》原著篇目依次注释。上卷自"脏腑经络先后第一"至"血痹虚劳第六"六篇，中卷自"肺痿肺痈咳嗽上气第七"至"惊悸吐衄下血胸满瘀血第十六"十篇，下卷自"呕吐哕下利十七"至"果实菜谷禁忌第二十五"九篇。书前有李锦、曹溶、程应旄三家之序、林亿新校正“金匮要略方论序”等。注文“直截简切，义理详明”，不作僻语、迂论、曲解及误人之谈，故书名曰《直解》。如释大黄䗪虫丸条曰：正气内伤，血脉凝积，致有干血积于中，而尪羸见于外。大黄䗪虫丸以下干血，干血去则邪除正旺，是以谓之缓中补虚，非大黄䗪虫丸能缓中补虚也。经其演绎，使仲景原意明朗易解。对林亿新校正后所附唐人诸方，皆删去不录。书中对仲景方的煮服法研究颇深，如云：“麻黄汤先煮麻黄者，大承气后内芒硝者，大小柴胡复煎者；有顿服、温服、小冷服、日三服、日三夜一服、日再服；其助药力，有啜粥、有饮暖水、有食糜者、有重覆取汗、微取似有汗、取下、取利小便者。如此之类，方法圆通，千古不能逾越，故谓之祖方焉。”本书后世注家多所引用。

〔现存版本与馆藏地点〕

1. 清康熙十二年癸丑（1673）刻本　3　139　140　361　381　476　541　590　677A　709　738A　738B

2. 1930 年上海中医书局铅印本　186　270　541　572　590　896A　907C　940

095　**《金匮要略广注》　三卷**

〔作者〕清·李彣（珥臣）撰注

〔成书年代〕1682 年

〔内容介绍〕

本书作者根据《内经》理论，参考历代名医论著，同时又结合自己的观点与临床实践，逐篇逐条注释原文。全书分二十五篇编排。卷首脏腑经络脉证篇对运气作较详论述，第二至二十二篇论《金匮要略方论》方义，第二十三篇杂疗方，第二十四篇禽兽虫鱼禁忌，第二十五篇果实菜谷禁忌。每篇均作病因、病机、辩证等简要论述，书末列《金匮要略方论》方并作分析。

注文贴切，论述精辟，说理深入浅出，文词优美流畅，且不妄下臆断。清吴谦等《订正仲景全书金匮要略注》及日本医家丹波元简《金匮要略辑义》等著名注本，都较多地引录李氏注文，足见其影响之广。

〔现存版本与馆藏地点〕

1. 清康熙二十一年壬戌（1682）刻本，藏南京中医药大学图书馆、齐齐哈尔市图书馆、苏州中医医院图书馆等 522 677A

2. 1992 年中国中医药出版社据上述版本点校铅印本

096 **《金匮要略纂要》 不分卷**

〔作者〕清·雪渔撰

〔成书年代〕1736 年

〔内容介绍〕

全书按《金匮要略方论》原文“脏腑经络先后病”至“果实菜谷禁忌”共二十五篇加以注释，释文主要援引《诸病源候论》等。

〔现存版本与馆藏地点〕

清乾隆元年来苏堂抄本 541

097 **《订正仲景全书金匮要略注》 八卷**

〔作者〕清·吴谦（六吉）等撰注

〔成书年代〕1742 年

〔内容介绍〕

本书系《医宗金鉴》中的一种，即其中的 18 卷~25 卷，又名《订正金匮要略注》。编次依照林亿《金匮要略方论》校本，而纲领条目稍有更改，将原二十五篇分载于八卷。卷十八为“脏腑经络先后病脉证第一”与“痉湿暍病脉证并治第二”，卷十九为“百合狐惑阴阳毒病脉证并治第三”至“肺痿肺痈咳嗽上气病脉证并治第七”，卷二十为“奔豚气病脉证并治第八”至“惊悸吐衄下血胸满瘀血病脉证并治第十二”，卷二十一为“痰饮咳嗽病脉证并治第十三”至“水气病脉证并治第十五”，卷二十二为“黄疸病脉证并治第十六”至“趺蹶手指臂肿转筋阴狐疝蚘虫病脉证并治第十九”，卷二十三为“妇人妊娠病脉证并治第十九”至“杂病方第二十三”，卷二十四为“禽兽鱼虫禁忌并治第二十四”与“果实菜谷禁忌并治第二十五”，卷二十五为“正误存疑篇”。作者认为“《金匮要略方论》旧注本，或涉浮泛，或近隐晦，醇疵并见，难以适从”，故采用清以前 20 余家医书之说，相互参合印证，并结合自己的临床经验加以重订与注释。编著体例为首经文、次注释、次集注、次方药，最后为方解集注。凡错简遗误，文义不属，应改、补、删、移者，审辨精核，皆详于本条经文之下。对文义不符、难以注释者，则另设一卷（卷 25）列正误存疑篇，以备参考。

本书注解博采诸家之精粹，行文简易显明，发挥经旨，旁参互证，不事虚文，注重临床，曾用作太医院教本。《四库全书提要》称其“根据古义而能得其变通，参酌时宜而必求其验证，寒热不执成见，攻补无所偏施”。

〔常见版本与馆藏地点〕

1. 《医宗金鉴》清乾隆七年壬戌（1742）武英殿聚珍本

2. 《医宗金鉴》清光绪九年癸未（1883）扫叶山房刻本

3. 《医宗金鉴》1916、1934 年上海锦章书局石印本

4. 《医宗金鉴》1973 年、1977 年、1982 年、1998 年人民卫生出版社铅印本

5. 《医宗金鉴》1994 中国中医药出版社铅印本

098　《金匮要略注》　二卷

〔作者〕清·朱音怡（咏清）撰注

〔成书年代〕1753 年

〔内容介绍〕

朱氏认为，仲景《伤寒》、《金匮》为业医者必读之书，但因年湮代远，文词古奥，《金匮》更有错简之讹，初学者每苦于难以入门，乃撰《伤寒论注》及本书，以启后学。全书以《金匮要略方论》原书篇次为序，注释时不拘于原书内容及条文，仅选择疑难病证或晦涩之文，甚至全篇省略不注。如“脏腑经络先后病脉证第一”仅列篇目及三条字词，“痉湿暍病脉证并治第二”全部未注，而以“百合病”为第一篇，“狐惑病”为第二篇，“阴阳毒病”为第三篇。全书共释原文二百九十一条，方一百三十一首。卷首有史进爵序，目录后载自序。本书对病、证、方、药的阐述深入浅出，简明易懂；对词义较晦涩的经文注明其义，或于文间穿插一些文字使文义畅通，便于初学者理解。

〔现存版本与馆藏地点〕

1. 清乾隆十八年刻本　709　907B
2. 清三益堂刻本　186　251　277　852
3. 清三秀堂刻本　136　631
4. 清藜照书屋刻本　139　361　433A　907B

099　《金匮要略集解》　三卷

〔作者〕清·周孝垓（平叔）编撰

〔成书年代〕1838 年

〔内容介绍〕

本书上卷载《金匮要略方论》原文“脏腑经络先后病脉证第一”至“奔豚气第八”，中卷“胸痹心痛短气第九”至“惊悸吐衄下血胸满瘀血第十六”，下卷自“呕吐哕下利第十七”至“果实菜谷禁忌第二十五”。全书注解多采张璐《医通》释义和徐彬《金匮要略论注》，间附尤怡、程林等近二十医家之说和作者己见。若《金匮要略方论》原文只言治则而未出方者，加以按语并补以后世药方。对《金匮要略方论》方剂药量之古今换算，也作了较详考证。

〔现存版本与馆藏地点〕

清道光间刻本　590　651

100　**《高注金匮要略》**

〔作者〕清·高学山注

〔成书年代〕约 1872 年

〔内容介绍〕

本书书成未梓，近人王邈达获得此书。原稿四册，末册有残损，王氏为之增补校订，参以己见，终成完帙。

全书不分卷次，按原书篇次，自“脏腑经络先后病脉证第一”至“果实菜谷禁忌并治第二十五”，共二十五篇，逐条注解。在条文次第上略有变动。如“脏腑经络先后病脉证并治”篇的“夫人禀五常……”一节，旧本俱列本文为第二条，而高氏将本文列在首位。全书对杂病的病机、病因、诊断、方义等，阐析颇详，纠谬阐微，多有独到见解。然此书注释亦偶有欠妥之处，并掺杂一些唯心观点。

〔常见版本〕

1. 1956 年上海卫生出版社铅印本

2. 1959 年上海科学技术出版社铅印本

101**《金匮要略浅注补正》　九卷**

〔作者〕清·陈念祖（修园）原注，唐宗海（容川）补正

〔成书年代〕1890 年

〔内容介绍〕

本书是对陈念祖《金匮要略浅注》的补充和订正之作，作者为清末倡导中西医学汇通之大家。在本书中，作者以《内经》和仲景理论为基础，结合西医学说进行解释贯通，以便近人学习。作者认为："复观近出西洋医学、化学、气机等学，与天地阴阳人物气化之理，得其会通，将《内经》、仲景之书而一一勘出精义。因念《金匮要略方论》为治杂病之律例，而《浅注》又读《金匮要略方论》之梯航，其中缺误，不行补正，曷足以臻纯美？复加驳议，阐发微言，合中西《内经》、仲景之书而一以贯之。原文奥旨，未必无遗，然十得八九，故吾为此。意在阐明绝学，使古圣心法，昭著于五大洲。"（本书序）

全书卷一为"脏腑经络先后病脉证第一"与"痉湿暍病脉证并治第二"；卷二为"百合狐惑阴阳毒病脉证并治第三"至"中风历节病脉证并治第五"；卷三为"血痹虚劳病脉证并治第六"与"肺痿肺痈咳嗽上气病脉证并治第七"；卷四为"奔豚气病脉证并治第八"至"五脏风寒积聚病脉证并治第十一"；卷五为"痰饮咳嗽病脉证并治第十二"与"消渴小便不利淋病脉证并治第十三"；卷六为"水气病脉证并治第十四"；卷七为"黄疸病脉证并治第十五"与"惊悸吐衄下血胸满瘀血病脉证并治第十六"；卷八为"呕吐哕下利病脉证并治第十七"至"趺蹶手指臂肿转筋狐疝蚘虫病脉证并治第十九"；卷九为"妇人妊娠病脉证并治第二十"至"妇人杂病脉证并治第二十二"，附"妇人阴挺论"。

本书反映了作者中西医汇通之学术思想，并开启了以中西医汇通方法诠释《金匮要略方论》之先河，其创新之处值得肯定与借鉴。

〔常见版本与馆藏地点〕

1. 清光绪三十二年丙午（1906）、光绪三十四年戊申

(1908) 上海千顷堂石印本　738B　799A

2. 民国期间上海中国文学书局铅印本　444　491　746A　851　852　931

3.《中西医汇通医书五种》本

102　**《金匮要略浅注方论合编》　十卷**

〔作者〕清·陈念祖（修园）撰注，严岳莲编

〔成书年代〕1909 年

〔内容介绍〕

本书为清宣统元年（1909）严氏刻《医学初阶》之一种。其编次、内容悉如陈修园《金匮要略浅注》，惟将陈氏《金匮方歌括》中之“合参”、“元犀按”、“徐灵胎云”等内容汇入其中。

〔现存版本与馆藏地点〕

1. 1923 年渭南严氏校补本　139　361　412B　852　891

2. 1957 年四川人民出版社铅印本，并见于《医学初阶》、《四部丛刊》

103　**《金匮要略方论集注》**

〔作者〕黄竹斋编撰

〔成书年代〕1925 年

〔内容介绍〕

本书为民国期间第一部《金匮要略方论》的汇注之作。全书上溯《灵枢》、《素问》、《难经》之源，下迄《玉函》、《甲乙》、《脉经》、《千金方》、《外台秘要》等书，并选取赵以德、喻昌、徐彬、程琳、尤怡、钱潢、周禹载、沈明宗、张路玉、魏荔彤、章虚谷、陈修园、徐灵胎、黄坤载、周学海等数十家之说，以及日本汉方医家名古屋玄医等所论。全书字栉句比，条文

缕析，分章别段，参互考证，穷源析流，脉路贯通。另外，本书参考若干经典医著，对《金匮要略方论》原著补阙正误，从理论到方药，逐一详细考证订定。作者对原著方药的研究与应用尤为重视，“诸家之方，有与经方药味相同者，亦录于后，以推广经方之用”，并附己案以释之，所引方书达数十种之多。

〔现有印本〕

1957 年人民卫生出版社铅印本

104　《金匮辑览》

〔作者〕罗绍祥编

〔成书年代〕1926 年

〔内容介绍〕

本书对张仲景《金匮要略方论》进行全面注释，将喻嘉言、尤在泾、陈修园、唐容川、林泽丰诸家之说汇集于条文之后，有助于读者全面理解仲景之学。

〔现存版本与馆藏地点〕

1926 年广州铅印本　308A

105　《金匮要略集注折衷》　九卷

〔作者〕胡毓秀撰注

〔成书年代〕1935 年

〔内容介绍〕

本书卷一为“脏腑经络先后病”与“痉湿暍病”两篇；卷二为“百合狐惑阴阳毒病”至“中风历节病”三篇；卷三为“血痹虚劳病”与“肺痿肺痈咳嗽上气病”两篇；卷四为“奔豚气病”至“五脏风寒积聚病”四篇；卷五为“痰饮咳嗽病”与“消渴小便不利淋病”两篇；卷六为“水气病”一；卷七为“黄疸病”与“惊悸吐衄下血胸满瘀血病”两篇；卷八为“呕吐哕

下利病”至“趺蹶手指臂肿转筋阴狐疝蚘虫病”三篇；卷九为“妇人妊娠”至“妇人杂病”三篇。是书以唐容川《金匮要略浅注补正》为蓝本，取陈修园之说，并补入己见而成。胡氏以为附方出自后人，多与原方正义毫不相涉，故尽行删去，以求“精纯”。凡遇原方费解处，皆阙疑不释。卷首“读法”，强调《金匮要略方论》条方的互勘、对举，并主张与《伤寒论》合参。如认为奔豚汤证与茯苓桂枝甘草大枣汤证“两节之证与方，可以互勘”，又与“《伤寒论》桂枝甘草汤治叉手冒心、四逆加茯苓治心下悸、理中汤去术加桂治脐下动气等理皆相通，亦可互勘”，甚至“须合数节通观之，方知其义例之严”，且谓“读仲景书，总宜反观互证，不可死于名下”。篇末每有简要的分析归纳，以黄疸、下利、瘀血、妇人带下、经候不匀等最为明了，对后学研习《金匮要略方论》颇有裨益。唯书中每以西说解释中医所论脏腑气化，未免有牵强附会之嫌。

〔现存版本与馆藏地点〕

1. 1935 年信阳义兴福书局铅印本　2　277　361　412A　433　475A　590　664　712　738B　799A　871　907C　940

2. 1937 年上海中医科学书局铅印本　491　590

106　**《金匮要略简明释义》**

〔作者〕河北中医学院编撰

〔初版〕1959 年河北人民出版社铅印本

〔内容介绍〕

本书以浅显的语言，对《金匮要略方论》作简明扼要的解释。全书通俗易懂，是学习《金匮要略方论》的普及入门之书。

107　**《金匮要略广注校诠》**

〔作者〕宋书功主编

〔初版〕1994 年人民卫生出版社铅印本

〔内容介绍〕

本书对清代名医李彣所著《金匮要略广注》一书进行校勘与诠释。全书按李彣原著顺序附其校诠内容。校，包括校勘经文、校勘注文；诠，包括校注、词注。全书编写体例为：首先于仲景原著篇名题目下录李彣总论性文字，后附作者词释与校勘，然后按李彣原著逐节录仲景原著经文，后附作者词释与校勘，最后录李彣对该节经文之阐释，后附作者词释与校勘。

108 **《金匮玉函要略辑义》　六卷**

〔作者〕（日）丹波元简撰注

〔成书年代〕1806 年

〔内容介绍〕

本书收入《聿修堂医学丛书》与《皇汉医学丛书》。卷首为"综概"，综述《金匮要略方论》一书的沿革和考略。卷一载"脏腑经络先后病脉证"至"中风历节病"五篇；卷二载"血痹虚劳"至"腹满寒疝宿食"五篇；卷三载"五脏风寒积聚病"至"水气病"四篇；卷四载"黄疸病"至"趺蹶手指臂肿转筋阴狐疝蚘虫病"五篇；卷五载"妇人妊娠病"至"妇人杂病"三篇；卷六载"杂疗方"至"果实菜谷"三篇。

本书以宋本、徐鎔本、俞稿本、赵开美本等四种版本为校勘依据，并采集徐彬的《金匮要略论注》、程林《金匮要略直解》、沈明宗《金匮要略编注》、魏荔彤《金匮要略方论本义》、尤怡《金匮要略心典》、吴谦《医宗金鉴》以及《千金方》、《外台秘要》、《巢氏病源论》、《肘后方》等历代名家之言。作者是日本汉方医界考证派的中坚，故本书广征博引，精于考据校勘是其最大特点。丹波氏治学严谨，所论必求有所依据，并反对执意删改原文。

〔常见版本与馆藏地点〕

1. 日本文化八年辛末（1811）东都书肆刻本　3　139　251　361　517　541　590　741　799　800　917A　931

2. 1935 年上海中医书局铅印本　139　361　412A　677A　851　907C　926A　931

3. 《聿修堂医学丛书》、《皇汉医学丛书》本

4. 《皇汉医学丛书》本

5. 1956 年人民卫生出版社铅印本

109　**《金匮玉函要略述义》　三卷**

〔作者〕（日）丹波元坚（亦柔、茝庭）撰注

〔成书年代〕成书于 1842 年

〔内容介绍〕

本书简称《金匮述义》。作者鉴于其父丹波元简所撰《金匮玉函要略辑义》在采辑各家学说及阐述精义方面犹有缺漏，遂选录《金匮要略方论》原文，以段落分注，补充诸家论述。卷首“题辞”，述作书目的意义。卷上载“脏腑经络先后病脉证”至“腹满寒疝宿食”十篇；卷中载“五脏风寒积聚病”至“趺蹶手指臂肿转筋阴狐疝蚘虫病”九篇；卷下载“妇人妊娠病”至“果实菜谷”六篇。书中《金匮要略方论》原文，系赵开美本与朝鲜《医方类聚》所据之宋刻本互校而成。注文除其父所遗者外，尚有周扬俊《金匮玉函二注》、朱光被《金匮要略正义》、李彣《金匮要略广注》、黄元御《金匮悬解》、陈念祖《金匮要略浅注》、张志聪《金匮要略注》、卢之颐《摩索金匮》、喜多村直宽《金匮要略疏义》以及其兄丹波元胤之论。其他采用书籍亦有十数种。每篇并附著者心得见解和考证论述，为《金匮玉函要略辑义》之辅翼。

〔常见版本与馆藏地点〕

1. 日本安政元年甲寅（1854）存诚药室刻本　3　21　139　140　186　251　381　385　412A　412B　590　677A　709　738　738B　799　907C　917A

2. 1957 年人民卫生出版社铅印本

3.《聿修堂丛书》、《皇汉医学丛书》本

110　**《金匮要略疏义》　六卷**

〔作者〕（日）喜多村直宽编撰

〔成书年代〕1849 年，初刊于日本文久元年（1861）

〔内容介绍〕

作者为日本汉方医家后起之秀，致力于仲景学说研究，著有本书和《经方权量略说》。本书又名《金匮玉函要略方论疏义》，为日本汉方医学《金匮要略方论》全注本。

全书卷一自“辨脏腑经络先后病脉证”至“辨中风历节病脉证并治”五篇，卷二自“辨血痹虚劳病脉证并治”至“辨腹满寒疝宿食病脉证”五篇，卷三自“辨五脏风寒积聚病脉证并治”至“辨水气病脉证并治”四篇，卷四自“辨黄疸病脉证并治”至“辨趺蹶手指臂肿转筋阴狐疝蚘虫病”五篇，卷五自“辨妇人妊娠病脉证并治”至“妇人杂病脉证并治”三篇，卷六自“辨杂疗方”至“辨果实菜谷禁忌并治”三篇，共二十五篇。原文依徐鎔本并参照《千金要方》、《外台秘要》删定。注疏集录赵良仁、喻昌、徐彬、程林、周扬俊、沈明宗、魏荔彤、尤怡、朱光被、丹波元坚诸家之说，注释多分析辞意以解经文。如释“肺痿肺痈咳嗽上气病”认为“微则为风，数则为热；微则汗出，数则恶寒”句：“微数二字互文见义，是言其风热外搏皮毛，则营卫受邪，故汗出而恶寒。”对理解经文，颇有裨益。卷首有浅田惟常序、自序驻统论，卷末有黑田维孝跋。

〔现存版本与馆藏地点〕

日本文久元年学训堂聚珍版本　3　139　444　590

111　**《新编金匮要略集注》　三卷**

〔作者〕（日）山田业广撰注

〔成书年代〕1858 年

〔内容介绍〕

本书以我国明代赵开美刻本为蓝本，并引《诸病源候论》、《千金方》、《外台秘要》与赵本相互校勘，更取明清以来诸多《金匮要略方论》注本反复考核，广征博引，穷源究委，精研细审，逐字逐句随文释义，注解详尽，其间引丹波父子之论最多。除明辨医理之外，作者还十分重视字句的训诂，根据《说文解字》辨识、解释词义。

据书前作者自序称，其“壮年耽嗜此书（指《金匮要略方论》），每遇疑窦，必覃思精虑，其间有所发明，尝著《札记》二卷。寻将注全书，稿未就，会安政丁巳，官有命讲此书于医学，因不惮芜陋，取明清以来诸家之粹，附以管见，名曰《集注》。”全书共三卷，《金匮要略方论》第一至第十篇注疏为卷上，第十一至第十九篇注疏为卷中，第二十篇至终为卷下。遇有诸家看法不同时，则以作者之见，或指出各家论说之短长，或综合之，或折衷之，或直指某是某非、某说为优等，观点鲜明，议论精到，体现了作者对仲景原书宗旨及对诸家议论的真知灼见。

〔现存版本与馆藏地点〕

日本安政五年戊午（1858）稿本　139

112　**《日本医家金匮要略注解辑要》**

〔作者〕（日）郭秀梅、冈田研吉编撰

〔初版〕1999 年学苑出版社直排铅印本

〔内容介绍〕

本书为《日本医家伤寒论注解辑要》的姊妹篇。作者郭秀梅在长春中医学院获硕士学位后负笈东瀛，专攻中日医学文献研究。另一作者冈田研吉毕业于北京中医药大学，返日后深研仲景学说。两人合作编成的这部著作，广采博收日本历代汉方医家注解《金匮要略方论》之书，全书共汇辑近30位医家的40部著作，注释词目400余条，从中可窥日本江户时期研治中医古籍之重点、方法、成就与学风，以及他们运用清儒治学方法研究《金匮要略方论》重在文字音韵训诂考据之特色。

全书按我国明代赵开美《仲景全书》刻本和当代金匮专家何任主编的《金匮要略校注》（1990年人民卫生出版社出版）为序排印原文，每篇原文之后汇辑注文，每条注文中则按所引著作的成书年代先后排列各家论述。为保存原貌，本书在辑录各家注论时一律不予修改，只在个别地方酌加简短按语。

（二）节注

113 《金匮方论衍义》三卷

〔作者〕元·赵良仁（以德）撰

〔成书年代〕约明初

〔内容介绍〕

本书是现存最早的《金匮要略方论》前二十三篇注本，对后世颇有影响，惜未曾刊刻。清康熙初，周杨俊得见之，认为该书“理明学博，意周虑审”，乃历二十余年于其残缺未备之处补述注文，成《金匮玉函经二注》刊行，方使衍义得以刻本传世。书中对仲景杂病的概念、病因病机、理法方药等多有阐述，释文主要引自《内经》、《难经》及《伤寒论》，故后世称其为“以经解经”。但作者对肝脏补泻之论、百合病的认识、阴阳毒所用方药的特异性等多有独到见解。后世注释《金匮要略方论》的医家，颇多引录赵氏的见解。全书删去林亿整理本25篇中的最后三篇，为22篇。

〔现存版本与馆藏地点〕

1. 清同治十二年癸酉（1873）抄本　139

2. 1990年浙江古籍出版社浙江浦江中医院文献整理小组校订本

114　**《金匮玉函经二注》　二十二卷　附方一卷十药神书一卷**

〔作者〕明·赵良仁（以德）衍义，清·周扬俊（禹载）补注

〔成书年代〕1687年

〔内容介绍〕

本书仅对《金匮要略方论》前22篇予以注解。书中标以衍义者为赵氏衍义，标以补注者为周氏补注。周氏于《金匮》诸家注疏中最为推崇赵注，认为“独赵以德先生《衍义》理明学博，意周虑审，本轩岐诸论相为映照，合体用应变互为参酌，庶几大道之明也”。后世丁思孔谓“周子之补注洞若观火，烛人心目，世之业是医者不虑入室无门”。

全书推究仲景原文，能释常达变。注文兼采众长，又参以己验。是书初刻时，自“脏腑经络先后病脉证”至“妇人杂病脉证并治”卷目依旧，原“杂疗方”、“禽兽鱼虫禁忌”、“果实菜谷禁忌”三篇，因有方无论而删略，后于重刊本中附入补方及《十药神书》各一卷。是书目录，于卷目之下列有方名，如“痉湿暍第二卷栝楼桂枝汤、葛根汤、大承气汤、麻黄加术汤”；又于正文卷目下注明论、方及脉证之数，如“脏腑经络先后病脉

证第一论十三首方一首脉证二条”。赵氏《衍义》多以《内经》理论注释仲景条文，并屡与《伤寒论》本文或注文互参。周氏则对《衍义》注解不详者加以“补注”，其中引及喻昌之论，且多发挥。如卷六至卷十一注释中“衍义”缺如，悉为“补注”之文。补方一卷凡二十一首，苦参汤（庞安时方）、桂枝汤、小承气汤及附子汤四方，乃本书所缺；天雄散、《千金翼方》炙甘草汤、《肘后》赖肝散等十六方为赵氏所删，因皆补入。另《金匮》苦参汤与庞安时方有异，乃附补并存。《十药神书》十方为周氏所推崇，故其后著以方论。1990 年人民卫生出版社出版的周衡、王旭复校本在精详考证的基础上，对历史上疑而未决的赵、周二氏生平籍里作出了论断。

〔常见版本与馆藏地点〕

1. 清道光十二年壬辰（1832）至十三年戊戌（1838）吴郡经义斋刻本 1 2 152 186 381 385A 450B 475A 572 677A 707 731 799A 851 852

2. 清同治二年癸亥（1863）上洋经义斋刻本 1 3 21 139 140 185 186 277 301 361 412A 412B 475A 517 521 590 651 664 677A 712 738A 738B 746A 799A 871 917A 926A 939

3. 1921 年苏州萃芬书屋校刻本 139 186 270 381 476 491 529A 590 706 746A 799A 800 839A 852 896A 907C

4. 《中国医学大成》本

5. 1990 年人民卫生出版社铅印本

115 《金匮要略方论本义》 二十二卷

〔作者〕清·魏荔彤（念庭）编注

〔成书年代〕1720 年

〔内容介绍〕

本书以《金匮要略方论》徐镕刻本为底本，按原本各篇分卷，每篇一小卷，又并属于上、中、下三卷。上卷载“脏腑经络先后”至“腹满寒疝宿食”；中卷载“五脏风寒积聚”至“趺蹶手指臂肿转筋阴狐疝蚘虫”；下卷载“妇人妊娠”至“妇人杂病”，删去原“杂疗法”等三篇。卷首载有《金匮要略方论》林亿序及徐镕原序。对《金匮要略方论》中以数病合篇者，取有关原文分隶各病证之下，如“痉湿暍病”篇原文分隶于“痉病”、“湿病”、“暍病”之下，“中风历节病”篇条文则分隶于“中风”、“历节病”，然后逐条注释。其内容相关者，或数条合并解释。魏氏阐发病机多溯源于《内经》，剖析治方多与《伤寒论》融会贯通，且联系实际，参入临床心得，如“痉病”后附有“痉病脉论”及“小儿妇人痉病”。同时引用《伤寒论》及后世方书有关内容，如《千金翼方》炙甘草汤后附有《伤寒论》炙甘草汤原文，《肘后方》獭肝散后附有百劳丸等。作者推崇喻昌、沈明宗之说，书中亦多引用，但又不拘于前人所言，在汲取前人精义的同时，颇多个人发挥且剖析畅明，所论病证的病机和治法，亦分析较详。但在释义中，间或杂有附会、不经之论，且文辞过于庞杂，有失简要。

〔现存版本与馆藏地点〕

1. 清乾隆金阊绿荫堂刻本 1 2 3 139 152 202 277 279 361 385 433A 514A 677A 707 907C 922

2. 1925年成都昌福公司据白氏丽瞩楼本铅印本 2 186 254 277 308 529A 541 839A 851 852 871 896A 907C

116 《金匮要略心典》 三卷

〔作者〕清·尤怡（在泾、饲鹤山人）撰注

〔成书年代〕1729年

〔内容介绍〕

本书又名《金匮心典》，为作者研究仲景学说多年的力作。尤氏有慨于《金匮》注家“性高明者泛骛远引，曲逞其说，而其失则为浮；守矩者寻行数墨，畏尽其辞，而其失则为隘”，因取《金匮》旧本重加寻绎，其未经笔记者补之，其记而未尽善者复改之，覃精研思，务求当于古人之心而后已。书名“心典”，谓“以吾心求古人之心而得其典要”。对原文中难以解释的深奥文义，宁可缺略，不强于衍释，并改正原文传写之误，删略后人增添的内容。

书首有徐大椿叙及尤氏自序。正文依林亿新校正之编次，卷上自“脏腑经络先后病脉证”至“肺痿肺痈咳嗽上气病脉证”七篇；卷中自“奔豚气病脉证第八”至“水气病脉证并治”七篇；卷下自“黄疸病脉证并治”至“妇人杂病脉证”八篇，计二十二篇。是书之注既编集前贤所论，复结合尤氏数十年心得经验，其注释明晰，条理通达，据理确凿，切合临床，而较他注为胜。如注“虚劳里急，悸，衄，腹中痛，梦失精，四肢酸痛，手足烦热，咽干口燥，小建中汤主之”条，先析其症状，次论治法，后释方义，以为“若阳病不能与阴和，则阴以其寒独行，为里急，为腹中痛，而实非阴之盛；阴病不能与阳和，则阳以其热独行，为手足烦热，为口干咽燥，而实非阳之炽”，昧者以寒攻热，以热攻寒，寒热内贼其病益甚，惟以甘酸辛药和合成剂，调之使和，则阳就于阴而寒以温，阴就于阳而热以和。又谓：中者，脾胃也，营卫生成于水谷，而水谷转输于脾胃，故中气立，则营卫流行，而不失其和；又中者，四运之轴，而阴阳之机也，故中气立，则阴阳相循，如环无端，而不极于偏。小建中汤甘与辛合而生阳，酸得甘助而化阴，阴阳相生，中气自立，是故求阴阳之和者必于中气，求中气之立者必以建中。诸多注释，悉皆论理贴切。本书为《金匮要略方论》注本中影响较大之作，向为学者推崇，被称为学习和研究《金匮要略方论》的必读之书。徐大椿序评曰："其条理通达，指归明显，辞不必烦而意已尽，语不必深而旨已传。虽此书奥妙不可穷际，而由此以进入，虽入仲景之室无难也。"

〔常见版本与馆藏地点〕

1. 清同治八年己巳（1869）陆氏双白燕堂刻本 1 3 139 202 279 301 303 308A 361 381 385A 412B 421 433A 521 529A 541 590 664 677A 702 706 728 746A 799A 831 871 907C 926A

2. 清光绪七年辛巳（1881）崇德书院刻本 2 21 139 152 202 279 301 303 361 381 401 412B 421 491 529A 541 572 590 603 664 702 709 721 728 738B 746A 799A 831 839A 852 917A 921 922 926A 940

3. 1959 年上海科学技术出版社铅印本

4. 1992 年中国中医药出版社铅印本

117 《金匮悬解》 二十二卷

〔作者〕清·黄元御（坤载、研农、玉楸子）撰注

〔成书年代〕1756 年

〔内容介绍〕

本书注疏"以经解论"，每注必以《内经》、《难经》为据，称"非精于《灵》、《素》之理，不能解《金匮》之言"，故其注广涉阴阳五行制化与气机升降之理。如中风条，注曰："其初先觉麻木，麻木者气滞而不行也。肺主气，而血中之温气实为肺气之根，右麻者肺气不行，左麻者肝气不行。"此外，又广搜博采，参合诸家，以贯通《金匮》原文。

全书分 22 卷，每卷对应《金匮要略方论》前 22 篇，并在内容上作了一些调整。卷一为"脏腑经络"，卷二为"外感五脏

风寒积聚”，卷三至卷六为“外感杂病”类之“中风历节”、“痉湿暍”、“疟病”、“百合狐惑阴阳毒”，卷七为“内伤血痹虚劳”，卷八至卷十八为“内伤杂病”类之“惊悸吐衄下血胸满瘀血”、“奔豚”、“水气”、“消渴小便不利淋”、“黄疸”、“呕吐哕下利”、“痰饮咳嗽”、“肺痿肺痈咳嗽上气”、“胸痹心痛短气”、“腹满寒疝宿食”、“趺蹶手指臂肿转筋狐疝蚘虫”，卷十九为“外科疮痈肠痈浸淫”，卷二十至卷二十二为“妇人妊娠产后杂病”。又将《金匮要略》卷二十三“杂疗方”、《金匮要略》卷二十四“禽兽鱼虫果实菜谷禁忌”附录于书末。每卷之首先述大意，再分各条论述。黄氏认为《金匮要略方论》治内伤杂病，大旨以扶阳气、运化脏腑气血功能为主，而后世又有滋阴之说，遂推阐“阳自阴升，阴由阳降”之理，颇有见地，但在论治方面多从温燥立法，有其片面性。《四库全书总目提要》谓其“于四诊九候之法，言之颇详”。本书不足之处为理论多而实际少，结合临床有欠恰切之处。

〔常见版本与馆藏地点〕

1. 清咸丰十年庚申（1860）长沙徐树铭燮和精舍刻本　1 139　186　270　308A　385　475A　514A　529A　541　651 738A　781　799A　831　852　854　926A

2.《黄氏医书八种》本、《黄元御医书十一种》本

3. 1999 年中国中医药出版社《黄元御医学全书》本

118　**《金匮要略浅注》　十卷**

〔作者〕清·陈念祖（修园）撰注

〔成书年代〕1803 年

〔内容介绍〕

本书在总结吸收前人注释经验的基础上，结合作者本人体验，以阐明《金匮要略方论》本意为旨要。其注释别创体例，

采择别类文字，用小字条贯于本文中，使之深入浅出。又于前贤著述中取其立论平正能发挥本文奥旨者，逐节缉录于后，以相互引证。陈氏根据《金匮要略方论》原文，删去宋代林亿整理中最后三篇，并于第22篇（妇人杂病脉证）中增补妇人阴挺等内容。卷一为“脏腑经络先后病脉证第一”与“痉湿暍病脉证并治第二”；卷二为“百合狐惑阴阳毒病脉证第三”至“中风历节病脉证并治第五”；卷三为“血痹虚劳证治病第六”与“肺痿肺痈咳嗽上气病脉证并治第七”；卷四为“奔豚气病脉证并治第八”至“五脏风寒积聚病脉证并治第十一”；卷五为“痰饮咳嗽病脉证并治第十二”与“消渴小便不利淋病脉证并治第十三”；卷六为“水气病脉证并治第十四”；卷七为“黄疸病脉证并治第十五”与“惊悸吐衄下血胸满瘀血脉病证并治第十六”；卷八为“呕吐哕下利病脉证并治第十七”至“趺蹶手指臂肿转筋狐疝蚘虫病脉证并治第十九”；卷九为“妇人妊娠病脉证并治第二十”至“妇人杂病脉证并治第二十二”；卷十为“杂疗方第二十三”至“果实菜谷禁忌并治第二十五”。陈氏选集赵以德之后诸《金匮》注家之说，以《内经》、《难经》、《千金方》、《外台秘要》为依据，保留其可取之言，改正其不当之处，并参以己见，力求阐明《金匮》要旨。本书对林亿整理本的前二十二篇加以注释，并在“妇人杂病脉证”篇中增“妇人阴挺”等内容第二十三篇后则不注。陈氏认为《金匮》中的附方“似属后人赘入，然方引药味颇亦不凡，或原为仲景所制”，故均予附列，但不加注释。本书颇有发明，然唐容川认为其中“亦有错误者，不可不辩也”，故作《金匮要略浅注补正》。本书正文之前，列有“金匮要略浅注读法”七则，对《金匮要略方论》中论脉、论证、病因、分篇原则、标本之说以及学习方法作了精辟论述，是作者研读《金匮要略方论》之学的心得体会，对后世颇有启迪。

〔现存版本与馆藏地点〕

1. 清道光十年庚寅（1830）刻本 251 301 412A 529A 721 741 907B

2. 清咸丰五年乙卯（1855）重庆阁书业量校刻本 308 361 450 712 781 911 922

3. 1959 年上海科学技术出版社铅印本

4. 1985 年北京中国书店据清道光十年刻本影印本

5. 1988 年福建科技术出版社铅印本（校注本）

6. 《陈修园医书》、《南雅堂医书》陈修园医书诸种本

119 **《金匮要略正义》 二卷**

〔作者〕清·朱光被（峻明）撰注

〔成书年代〕1805 年

〔内容介绍〕

本书曾名《金匮正义》，后经王一仁校订，又改名《金匮读本》。

全书分上下两卷，篇目次第基本同林亿校本。上卷载“脏腑经络先后病”至“五脏风寒积聚病”，下卷载“痰饮咳嗽病”至“妇人杂病”。惟其编次误将“黄疸病”、“惊悸吐衄下血胸满瘀血病”及“呕吐哕下利病”三篇列于“妇人杂病”后，“杂疗方”等三篇阙如。书末附有日本文化二年（1805）柳散人元胤之文。疏诠在每条原文之后，侧重分析病机，以明阴阳、寒热、表里，辨病位、转归、顺逆。作者不仅从文字上对《金匮要略方论》内容加以分析解释，而且还应用五行生克原理给予阐明，论理透彻。本书还间附《千金方》、《外台方》等各方，以补原著之未备。

〔常见版本与馆藏地点〕

1. 1936 年王一仁校上海仁庵学舍铅印本 139 590 926A

2.《仁庵医学》丛书本

120 《金匮要略阙疑》 二卷

〔作者〕清·叶霖撰

〔成书年代〕1827 年

〔内容介绍〕

叶氏认为《金匮要略》即《金匮玉函经》，王叔和单辑伤寒，使伤寒、杂证分行，世传《金匮》是否王氏整理后之本，未可知也。“自伤寒与杂证分行，至唐杜光庭始有《金匮玉函经》，盖重其书，故尊其名耳。书分二十五篇，或有论无方，或方论不合，缺文错简，讹字不一而是”，“而又注家望文为训，遇难则默，其不解者，曲为附会”，而致仲景原意更不宜明，因而叶氏于临证之暇手录原文，“殆者缺之，疑者存而论之”，使正文、衍文黑白分明。是书卷上自藏腑经络先后病脉证并治第一至肺痿肺痈咳嗽上气病脉证并治第七，卷下自奔豚气病脉证并治第八至妇人杂病脉证并治第二十二，全书计 22 篇。每篇首录仲景原文，继而引经析义，发明原书奥旨，再陈吴谦《医宗金鉴》之言，加以佐证，并具阙疑。凡有论无方者，皆采录后世医家效方与治则予以补充。尤其对所取之方，组成、主治、服法、方义、宜忌等项，论述颇详。

〔现存版本与馆藏地点〕

清抄本 896A

121 《金匮节录注解》

〔作者〕不著撰人

〔成书年代〕约抄于清末

〔内容介绍〕

原书扉页题“汪午桥所藏方书之一”，疑即汪午桥所抄，现为孤本，又名《金匮要略注解》。

本书摘要抄录了《金匮要略方论》第一至第十九篇、第二十三至第二十五篇的主要条文，并酌加注释，或注文，或释义，言词简要。其所抄原文于“师曰”等字样多有省略。略去《金匮要略方论》妇人妊娠、产后、杂病三篇，是该书的主要缺憾。

〔现存版本与馆藏地点〕

清抄本　139

122　**《增订仲景金匮要略读本》**

〔作者〕清·李保常（子牧）抄辑

〔成书年代〕约清末

〔内容介绍〕

本书为作者研习《金匮要略方论》之读本，故扉页又作《读金匮要略节录》。全书抄录了《金匮要略方论》第一至第二十一篇的主要条文，个别篇章经文次序有些微变化。如“脏腑经络先后病脉证”篇，依《医宗金鉴》之说，将“夫人禀五常，因风气而生长”条置于篇首，而将“师曰上工治未病”条置于次席。每条原文之下附一句简明扼要的注释，其注文虽简略，但多一语中的，有一定参考价值。

〔现存版本与馆藏地点〕

清抄本　139

123　**《金匮类补》　二十二卷**

〔作者〕清·王霖（新之）编撰

〔成书年代〕1909 年

〔内容介绍〕

全书收《金匮要略方论》脏腑经络先后病篇、五脏风寒积聚篇、中风历节篇、痉湿暍篇等二十二篇，系统采辑了尤怡、陈念祖、张璐、程林、喻昌、柯琴、唐宗海等名家之说，对原文逐条阐析，同时结合己见心得，对原文详加考核校订。

〔现存版本与馆藏地点〕

《留耕堂丛抄》本　677A

124　**《金匮方论》　二卷**

〔作者〕恽铁樵撰，章巨膺校

〔成书年代〕1922 年

〔内容介绍〕

本书原载于作者所编《药盦医学丛书》第六辑《鳞爪集》。全书所列的第一至第四条，系作者之编排，非《金匮要略方论》原文之次序。作者认为：“《金匮》一书，历二千余年无人敢非议者，余乃大胆为之。”故著者选录其中的“痓湿暍病脉证并治第二、百合狐惑阴阳毒病脉证并治第三、疟病脉证并治第四、中风历节病脉证并治第五”诸篇中至要之说，认为前贤未备之处，予以补之释之，讹误之言，予以正之申之。

全书先陈原文，后述已见，随引诸家之言以佐证。作者还用二千余言，阐述内、外风之别，及用药欠妥之方。全书广引博征，论述精当，师古而不泥古，有独到之见。

〔现存版本与馆藏地点〕

1948 年新中医学出版社铅印本　139　541　590

125　**《金匮条例解释》**

〔作者〕不著撰人

〔成书年代〕不详

〔内容介绍〕

全书编排自《金匮要略方论》首篇首条起，至“水气病篇”“太阳病，脉浮而紧，法当骨节疼痛，反不疼，身体反重而酸，其人不渴，汗出即愈，此为风水……然诸病此者，渴而下利，小便数者，皆不可发汗”条止，共二百三十条。方剂名下之药物组成、剂量及煮服法均未录。其中第二、八、十、二十五条注明“无解”，第八十五条黄芪建中汤证解释有二十四则，多为小建中汤加减法。其书似属读书笔记。

〔现存版本与馆藏地点〕

花香鸟语轩“野农主人”抄本　590

126　《金匮要略新注》

〔作者〕王和安编撰

〔成书年代〕1929 年

〔内容介绍〕

本书仅对《金匮要略方论》第二至二十二篇的原文予以注释。其注文除夹注于原条文之中外，在条文之末又详加注释，在正文的上方又另辟一栏，扼要指出每条原文的主要精神，并明示其气血阴阳属性及邪正盛衰、表里虚实、寒热上下等。

〔现存版本与馆藏地点〕

1929 年武汉印书馆铅印本　186　270　308A　381　491　514A　590　651　706　709　781　799A　852　940

127　《金匮要略五十家注》　二十四卷

〔作者〕吴考槃编撰

〔成书年代〕1929 年

〔内容介绍〕

本书为民国时期《金匮要略方论》的一部集注之作。全书按原著条文顺序，以“撷英删芜，务求精确，空泛雷同，概从割弃”为原则，上自陶弘景，近迄曹谒如，博采五十三家之言，详注《金匮》原文，使学者开卷了然，玩索有得，是颇有影响的《金匮要略》近代注本。全书首录五十三个注家目录，后行正文。全书二十四卷，以“脏腑经络先后病脉证并治第一”为卷一，而将《伤寒论》最后二篇“霍乱病脉证并治”、“阴阳易差后劳复病脉证并治”改次于“痉湿暍病脉证治第二”后，作为卷三、卷四，以“百合狐惑阴阳毒病”为卷五。余者编次依旧，然“杂疗方”及“禽兽鱼虫禁忌并治”、“果实菜谷禁忌并治”等三篇删而未录。另附“灵枢药义”一卷于卷末。作者认为《伤寒论》有或然证，故有加减法，《金匮要略方论》无或然证，故无加减法。旧本所附加减法系后人衍增，故删去不录。由于汇集历代注家之说，故可比较研究。然作者己见甚少，此其不足。

〔现存版本与馆藏地点〕

1929、1931 年上海千顷堂书局石印本 1 139 186 279 361 385 433A 475A 491 590 651 677 677A 712 738A 746A 852 907C 917A 926A 931 942B

128 **《金匮折衷》 二卷**

〔作者〕杨育曾编撰

〔成书年代〕1935 年

〔内容介绍〕

卷首为绪言，追溯我国医学曲折论争的发展史。作者希望诸家“舍短从长，一衷于是，以期无乖仲景之心法，藉便学者之研求。”次载通论。通论共二十章，涉及面极广，涵盖《金匮要略方论》的各个方面。如论金匮伤寒原为一书，读金匮须通晓内经、论读内经必读金匮、论读内经必读伤寒、论三因、脉法、治病有定法有活法、妇科证治、论金匮之沿革及注家、论金匮错简或伪误宜考订等。再列本论。含自脏腑经络先后病脉证并治第一至妇人杂病脉证并治第二十二篇，先陈仲景原文，后加按语。

按语引用《内经》、《千金方》及尤在泾、高世栻、陈修园、唐容川等诸家注本之言，间附己见，总结全段精义。全书按语，引尤氏之说最多。后推汤方。先为主方治主症、兼症、并症、变症，后设若干加减备方。汤方的组成、主治、剂量、炮制、煎服法等，一应俱备。汤方之后，附按语，以释方义及用药法则。本书注释医理详尽，既有分析论证，又有词字考据，且所论言简意赅，颇便习用。

〔现存版本与馆藏地点〕

1936 年华北医学院铅印本　139　385　529A

129　**《杂病论通注》　九卷**

〔作者〕朱茀撰注

〔成书年代〕1942 年

〔内容介绍〕

第一卷为“脏腑经络先后病脉证并治第一”与“痉湿暍病脉证并治第二”；第二卷为“百合狐惑阴阳毒病脉证并治第三”至“中风历节病脉证并治第五”；第三卷为“血痹虚劳病脉证并治第六”与“肺痿肺痈咳嗽上气病脉证并治第七”；第四卷为“奔豚气病脉证并治第八”至“五脏风寒积聚病脉证并治第十一”；第五卷为“痰饮咳嗽病脉证并治第十二”与“消渴小便不利淋病脉证并治第十三”；第六卷为“水气病脉证并治第十四”；第七卷为“黄疸病脉证并治第十六”；第八卷为“呕吐衄下血胸满瘀血病脉证并治第十七”；第九卷为“妇人妊娠病脉证并治第二十”至“妇人杂病脉证并治第二十二”。全书共载《金匮要略方论》原文三百六十一条，并遵唐宗海意，裁去附录诸方。其文字长者分若干节，每节前提炼其本义精神，作为标题，如首篇首条“上工治未病”标之为“肝病实脾”，次条名曰“病由腠理”。又如“中风历节病”篇首条，标题为“中风大纲”，使学者一目了然。其注文汇通中西医之义，但不勉强杂揉，如指出“疮家之脓血，西医认为赤白血球坏死，中医认为肌肉皮肤溃烂”。于治法方药，亦有一定见地，如“疮家虽身疼痛，不可发汗，汗出则痉”条下曰：“南阳未出方，著者常主薄荷、连翘、僵蚕、蝉蜕以辛凉解表化毒，乳香、没药以温和养血调气，于病证有济，于疮家无损”。对于“痉病有灸疮”，常用白虎汤重加人参，或以羚羊角易石膏，再用归、地养肝，并银、翘辛凉疏散之品，亦多获效。而对一物瓜蒂散治太阳中暍，认为“似不胜任”，“应阙以待质”。

〔现存版本与馆藏地点〕

1942 年北京壶山医庐铅印本　139　361　590

130　《金匮要略释义》

〔作者〕黄树曾编著

〔初版〕1956 年人民卫生出版社铅印本

〔内容介绍〕

本书取《金匮要略方论》“脏腑经络先后病脉证并治”至“妇人杂病脉证并治”之二十二篇，摭集各家注释之菁华，参以己见，逐篇诠解释义，间附名家之治验。又依王洙所得古本，殿诸方于经文之末，冀存其真。并有用仲景方须知一文，为黄氏之心得体会。

131　《金匮释义》

〔作者〕江苏省中医学校金匮教研组编

〔初版〕1958 年江苏人民出版社铅印本

〔内容介绍〕

全书共二十五篇。书首序言，简介《金匮要略方论》沿革、内容概况、基本特点等；原文部分，前二十二篇取历代医家说理清晰、切合实际的注解，逐节逐方进行诠释，并加编者按，篇末总结归纳全篇要旨；最后三篇只录原文，不予诠释。

132　**《金匮简明释义》**

〔作者〕河北中医学院编撰

〔初版〕1959 年河北人民出版社铅印本

〔内容介绍〕

本书系《伤寒论简明释义》的姊妹篇。全书对《金匮要略方论》前二十二篇进行简明释义，特点是解释明晰，通俗易懂。每条一般设“原文”、“释义”及“方剂”栏目。

133　**《金匮要略释义》**

〔作者〕湖北中医学院主编

〔初版〕1963 年上海人民出版社铅印本

〔内容介绍〕

本书为《中医临床参考丛书》之一种，全书以词解、释义形式为主，以帮助读者理解《金匮要略方论》原文为旨要，仅对《金匮要略方论》前 22 篇作释义，每篇并附概说和结语。

134　**《金匮要略注解》　二十三卷**

〔作者〕（日）名古屋玄医编注

〔成书年代〕1696 年

〔内容介绍〕

本书系作者毕生研究仲景学说之心得。据序云：“潜心于此书《金匮要略》殆 60 年，每有得于心，则操觚记之，日积月累，为之注解。”

全书注解《金匮要略方论》自脏腑经络先后病第一至杂疗

第二十三篇，先列原文，继而引述《内经》、张杲《医说》、成无己《注解伤寒论》、李时珍《本草纲目》等诸家之说，再结合个人见解，对仲景论脉证方等内容作了详细注解，并用片假名注音，有助于理解。本书是日本汉方医学家对《金匮要略方论》最早的注本。玄医多年研究仲景之医方，故其采摭精当，注解详明，为日本汉方医学家早期注解《金匮要略方论》著作中之姣姣者。

〔现存版本与馆藏地点〕

1. 日本元禄九年（1696）刻本　541　651

2. 日本天明八年（1788）大阪书林崇高堂刻本　139

136　**《金匮要略方论考证》　五卷**

〔作者〕（日）饭田养贤（饭田鼎）编撰

〔成书年代〕1848 年

〔内容介绍〕

本书又名《金匮要略考证》。书后刻有“金匮要略考证，全十册，前五册出来，后五册嗣出”字样。作者曾受业于日本著名汉方医家后藤门下，致力于仲景学说研究。认为伤寒金匮为万世医道之规矩，恨其书脱误不解，遂取李唐以上之书为之辅翼，其不可考者，均取证考之。

全书按《金匮要略方论》原书次序排列，逐段加以考订、注释，但至“痰饮咳嗽第十二”篇而止。本书考证之法，先列仲景原文，次以双行小字夹注，或在原文后，低二格附一段注文；旁引唐以来历代诸家之说，加以佐证，并考据阙疑之因，详加分析，再阐发己见，兼予补正。是书提纲挈领，考证有据，分析透彻。

〔现存版本与馆藏地点〕

日本嘉永元年（1848）立生堂刻本　3

135 **《金匮要略集成》 三卷**

〔作者〕（日）山田正珍（玄同、宗俊、图南）编撰

〔成书年代〕1789 年

〔内容介绍〕

作者系日本江户时代著名汉方医家，曾学儒于山本北山，学灵素于加藤筑水，习本草于田村兰水。平生于仲景学说研究最力，著有《伤寒论集成》与本书。本书是《金匮要略方论》的汇注性著作。作者对《金匮要略方论》第二篇至第二十三篇中疑难、有争议的问题汇集中日两国注家之切要者，结合己见予以阐释，故名曰“集成”。全书共三卷，卷上释《金匮要略方论》“痉湿暍病脉证并治第二”篇至“胸痹心痛短气病脉证并治第九”篇；卷中自“五脏风寒积聚病脉证并治第十”篇至“趺蹶手指臂肿转筋阴狐疝蚘虫病脉证并治第十九”篇；卷下为“妇人妊娠病脉证并治第二十”、“妇人产后病脉证并治第二十一”及“杂疗方第二十三”。“杂疗方”篇只一条内容，缺“妇人杂病脉证并治第二十二”篇。其所注解，有字词释义或考证，有病证机理分析，有理法方药解说，皆切合经旨，发前人所未发，对学习《金匮要略方论》确有发蒙解惑之作用。所引医家，以《医宗金鉴》之论为多，并广泛涉及中国古代医书，如《脉经》、《千金方》、《外台秘要》等。此外尚引诸多文史书、工具书，颇见治学之功底。在日本古代医家中，引有“由良”、“折义”等，对我们了解日本古代医学之论有一定参考价值。

〔现存版本与馆藏地点〕

日本文久元年（1861）平安广济堂刻本 139

137 **《金匮要略精义》**

〔作者〕（日本）吉益顺撰注

〔成书年代〕1925 年

〔内容介绍〕

全书以“痉湿暍霍乱病”、“奔豚”等病证名为标题。作者擅长从气、血、水三者阐解杂病，如认为痉湿暍病篇系“辨论气血水之变杂病也”；奔豚病篇“其次序始举血之变（奔豚汤证），次以气变为中央（桂枝加桂汤证），以水气变为终（苓桂甘枣汤证）”；又谓“消渴者血气急，而其小便不利者血气之不循也。此虽小便不利，非水气之所致也”。其注亦有牵强附会，如释滑石散之白鱼（即衣鱼）为江中之白鱼，显属错误。书末附“金匮玉函要略方解”。

〔现存版本与馆藏地点〕

日本抄本 3 572

138 **《金匮要略义解》**

〔作者〕（日）浅田贺寿卫编撰

〔成书年代〕1929 年

〔内容介绍〕

本书为《和汉医籍学》丛书之一种。全书篇目与《金匮要略方论》原文有异，依次为：痉湿暍、百合狐惑阴阳毒、霍乱、疟病、中风历节、血痹虚劳、肺痿肺痈咳嗽上气、奔豚气、腹满寒疝宿食、消渴小便不利淋病、水气黄汗气分、痰饮咳嗽、黄疸、惊悸吐衄下血胸满瘀血、呕吐哕下利、趺蹶手指臂肿转筋阴狐疝蚘虫、妇人等，计十九篇。其中“霍乱”系《伤寒论》内容，仅存篇目，而脏腑经络先后病、胸痹心痛、五脏风寒积聚、疮痈肠痈浸淫病、杂疗方、禽兽鱼虫、果实菜谷等七篇均未载入。其论述采撷前人注解以释《金匮》原文，间有作者之论，并对书中诸方予以编次。

〔现存版本与馆藏地点〕
1929年日本东京文荣堂铅印本　590

139　《金匮辨注》
〔作者〕陈金声撰注
〔成书年代〕1924年
〔现存版本与馆藏地点〕
1924年石印本　361　421　514A　702

140　《金匮要略新注》
〔作者〕李斯炽撰注
〔成书年代〕1941年
〔现存版本与馆藏地点〕
四川省国医学院铅印本　907C

141　《金匮要略改正并注》
〔作者〕陈逊斋撰注
〔成书年代〕1949年
〔现存版本与馆藏地点〕
陕西省图书馆铅印本　401

142　《金匮要略辑义释字草稿》
〔作者〕（日）扶阳老人撰
〔成书年代〕1806年
〔现存版本与馆藏地点〕
日本天保三年（1832）稿本　3

143 **《金匮要略方论衬注》 三卷**

〔作者〕（日）刘栋（田良）撰

〔成书年代〕1773

〔现存版本与馆藏地点〕

日本文化四年（1807）一方堂刻本 3 651

（三）编注

144 **《张仲景金匮要略》 二十四卷**

〔作者〕清·沈明宗（目南、秋湄）编注

〔成书年代〕1692 年

〔内容介绍〕

本书又名《金匮要略编注》、《沈注金匮要略》、《医征金匮要略》。作者认为传世的《金匮要略方论》刊本“编次失序”，与张仲景原著有所出入，并以为“从来著书立言，必先纲领，次及条目”，故在本书中对《金匮要略方论》重予编排，以序冠于首，将以下的方论部分略予贯串整理，使之趋于条理。卷一首叙“重编大意”，然后重编“脏腑经络先后病”中的条文次序，以“夫人禀五常，因风气而生长……”条作为首条“叙例”；其次分别列“时令”、“问阴阳病十八”、“望色”、“闻声”、“问治未病”、“五脏病喜恶”、“五脏攻法”、“误治救逆”、“切脉”、“厥”、“喘息”等十二类。卷二至卷二十三“痉湿暍”至“杂疗方”仍依《金匮》原文编目，卷二十四“禽兽鱼虫”、“果实菜谷”合为一卷，每卷列病证一篇。其所加注文，文辞明畅，且颇有发明。

〔常见版本与馆藏地点〕

1. 清康熙三十二年癸酉（1693）致和堂刻本　2　139　279　308A　361　461　475A　476　572　590　664　677A　731　746A　907C　921　940

2.《中国医学大成》本

145　**《金匮要略浅注摘要》**

〔作者〕清·黄子言编

〔成书年代〕1803 年

〔内容介绍〕

对陈修园《金匮要略浅注》摘要辑录，不录《金匮要略》原文。

〔现存版本与馆藏地点〕

抄本　590

146　**《金匮读本》　二卷**

〔作者〕不著撰人

〔成书年代〕1868 年

〔内容介绍〕

本书为《医学便览》之第三、四卷。前有栗山痴叟序。全书将《金匮要略方论》原文按黄元御《金匮悬解》的分类法重新编次，即先列脏腑经络十六章（十六条），次分外感、外感杂病、内伤、内伤杂病四类。在外感病中，仅有“五脏风寒积聚病脉证并治”一篇的二十条原文；外感杂病包括中风、痉病、湿病、暍病、疟疾、百合病、狐惑病、阴阳毒等；内伤病仅血痹、虚劳；内伤杂病包括惊悸、吐衄等数十种，妇人妊娠、产后、杂病亦在其内，其分类的合理性值得商榷。其中脏腑经络、外感、外感杂病为第三卷，共列方八十首；内伤、内伤杂病为第四卷，列方三十四首，均以《金匮要略方论》原文为主，间有少量注释。

〔现存版本与馆藏地点〕

清同治七年戊辰（1868）辑者自刻《医学便览》本 139 852

147 **《金匮杂病辨》 三卷**

〔作者〕清·韩善徵（止轩）撰著

〔成书年代〕1897 年

〔内容介绍〕

本书为《韩氏医书六种》之一种。全书将《金匮要略方论》自“脏腑经络先后病”篇至“妇人杂病”篇分为上、中、下卷。书中不载原文，仅据原文之意加以辨析，或顺叙，或逆述，或连类互证，或逐段分辨，务求明理。韩氏以为，《金匮》所论非伤寒以外之杂病，乃《伤寒论》之类证、坏证，故由此展开加以辨释。

〔现存版本与馆藏地点〕

清光绪二十三年丁酉（1897）韩氏稿本 590

148 **《金匮杂病论》**

〔作者〕清·冠时著

〔成书年代〕约编于清末

〔内容介绍〕

本书为冠氏《医学汇编三种》之一种。全书将《金匮要略方论》第二至第十九篇杂病证治内容重编入咳嗽、心悸、呕吐等五十六种病证，在正文中复据不同病因病机另立标题，如“肺冷涎多”、“下气上悸”之类。每标题后仅一条文，其文或为《金匮要略方论》原文，或为据《金匮要略方论》诸条自拟之文，间或加注。如“下水上悸”之证，出“饮篇”，其文曰：“水在肾，心下悸。”自注曰：“误汗篇：太阳病，小便利者，以饮水多，必心下悸。小便少者，必苦里急也。”是书正文小标题与目录不合，所拟条文多与《金匮要略方论》不同，其间虽有冠氏之识见，未免缺乏条理。

〔现存版本与馆藏地点〕

稿本　139

149　**《金匮原理编》**

〔作者〕（清）汪广集编撰

〔成书年代〕1911 年

〔内容介绍〕

作者认为张仲景《伤寒论》注家甚多，喻嘉言《尚论篇》独得其秘，而《金匮要略方论》无善本，遂取已数十年研究之笔记整理成册，取名《金匮原理编》。书成未曾刊行，现仅存上卷，内容为：总论三因气色脉并治第一，五脏三焦病脉症并治第二，痉湿暍阴阳毒病脉症并治第三，中风历节病脉并治第四，血痹虚劳吐衄下血第五，水气病脉证并治第六。

全书先列原文，次引诸家注释之精粹，再附己见。原文顶格，为问答形式。注文低二格，尝引赵以德、喻嘉言、张璐玉、程琳、沈目南、魏柏卿、尤在泾等诸氏之言；间附“愚按”，则或重申其义，或补前论之未备。“拙注”为逐一阐发字句，深奥者以浅显之字解之。对原著脉与症是否相合，必详探其合否之由；症与脉或顺或逆，必穷究顺逆之端。

〔现存版本与馆藏地点〕

1911 年抄本　2

150 《金匮遗珠》

〔作者〕徐润之（松生、松龄）著

〔成书年代〕1911 年

〔内容介绍〕

本书辑入《松龄医铎》。全书分风、痨、蛊、膈四门论述，每门附各证问答一篇，共二十篇。所述病证，或用《金匮要略方论》原文，或宗《金匮要略方论》之旨，并添列后世有效之方。

〔现存版本与馆藏地点〕

清宣统三年辛亥（1911）温州务本石印局石印本　590

151 《金匮论丛》

〔作者〕不著撰人

〔成书年代〕1915 年

〔内容介绍〕

本书系作者节抄自《金匮要略方论》血痹虚劳篇第六，全书约三千言，未曾刊行。作者对血痹虚劳病的病因、病机、症状等，节抄其概要。汤方仅录方名，而略其详。此书虽云节抄，但是作者将徐忠可的注文融于其中，重编次第，既不失原意，而又简洁明快，易于理解。

〔现存版本与馆藏地点〕

抄本　139

152 《杂病论章节》

〔作者〕包一虚（识生、德逮）编撰

〔成书年代〕1930 年

〔内容介绍〕

本书将《金匮要略方论》自“脏腑经络先后病”至“妇人杂病”二十二篇，按不同内容分章节，并在篇、章、节上分别标明提纲，概括其内容。如“痉湿暍病篇”标题为“即躯壳三阳病”，第一章标题“痉病”，其第六节条文“疮家，虽身疼痛，不可发汗，汗出则痉”标题为“汗伤营致痉”。经其编次，使《金匮要略方论》原文章节有序，条理分明，并有提纲挈领的作用。

〔现存版本与馆藏地点〕

1936 年包氏医宗出版社铅印本　1　186　277　279　308A　361　391　412A　412B　433A　475A　491　517　529B　541　590　664　677A　712　721　738A　738B　799A　800　839A　896A　907B　907C　917A　922　926A　940

153　《病理学》

〔作者〕左季云编著

〔成书年代〕1931 年

〔内容介绍〕

左氏于 1931 年据张仲景《金匮要略》，参照唐容川、邓云航注本，编成《杂病治疗大法》，1934 年北平国医院作为病理学教本，并改为现名。本书将《金匮要略》首篇至“妇人杂病脉证并治第二十二”篇原文，依次分列二十二章，下以病证为节，并标以“症状”、“脉象”或“脉证合参”等项。原文之外，选择各家诠释。每方后加“药解”，间附“特效医案”。左氏以读者每多忽视原书所载“煎服法”，故特载一栏，以期注意。凡遇有紧要及隐晦疑似之点，悉为区别辨证，或附以按语。

〔现存版本与馆藏地点〕

1934 年北平国医学院铅印本　21　139　590

154 《（群经大旨）金匮》

〔作者〕秦伯未编撰

〔成书年代〕1932 年

〔内容介绍〕

作者有感于中医经典在传抄编写过程中出现文字谬讹，意义断裂，为使群经复彰，故著群经大旨之作。本书是为其中之一种。全书并非只列原文，后加注释的常规之作，而是对每篇原文仅列篇名，随之进行归类分析，然后阐述内容要旨，并分析病因、病机、症状、治则等。分析之法：或引群经之论，发微经义；或参以己见，评其损益；或提出存疑，启迪后学；或推荐验案，介绍效方（只列方名，不具分量）。本书将群经大旨融汇全书，条分缕析，颇有见地，是《金匮要略方论》诸注释本中体例独特之著。

〔现存版本与馆藏地点〕

1932 年中医指导社铅印本 139

155 《金匮杂记》

〔作者〕秦伯未（之济、谦斋）著

〔成书年代〕1934 年

〔内容介绍〕

本书为《中医指导录丛书》之一种。全书阐发《金匮要略方论》本义，并对历代注家之说加以详论。自“脏腑经络先后病脉证第一”篇至“妇人杂病脉证并治”篇，每篇各依所论标题阐释，如第一篇立“上工治未病”、“三因”、“头中病”等标题。或论病症，或论方药，或析文字，或评述注家所论之短长，文辞简要。

〔现存版本与馆藏地点〕

1934 年中医指导社铅印本 139

156 《金匮经浅说》 三十一卷

〔作者〕邱崇（宗山）编撰

〔成书年代〕1937 年

〔内容介绍〕

本书又名《金匮讲义》，并收入《邱氏内科大纲》。全书将《金匮要略方论》前二十二篇重新编排，其编排顺序和篇目名称与原书有所不同，如原书“腹满寒疝宿食病脉证并治第十”，在该书中分为三章，即第十章“腹满脉证”、第十一章“寒疝病脉”、第十二章“宿食脉证”，全书共计三十一章。

本书的特点是章中分节，节名为著者所加如第十二章“宿食脉证”分五节，分别是第一节“宿食辨”，第二节“宿食脉滑”，第三节宿“食恶食”，第四节“宿食风寒之分”，第五节“宿食在上脘”。每节之中的编排体例为先列经文，再对难词难句进行注解，并诠释全文。每章之后都附有各病的治法小结，有助于读者对全章的理解。

〔常见版本与馆藏地点〕

1. 民国间华北国医学院铅印本 277 433A

2. 1937 年北平和平印书馆铅印本《邱氏内科大纲》 21 139 186 270 461 475A 476 529A 590 738A 839A 871

157 《读金匮劄记》

〔作者〕何时希著

〔初版〕1988 年上海学林出版社铅印本

〔内容介绍〕

本书系《何氏历代医学丛书》之一。全书将《金匮要略方论》原文按病种重新分类归纳，并参考古今医著一百三十余种编纂而成。全书共三卷，内容包括痉、湿、中暍、奔豚、胸痹、黄疸、惊悸等病共七十六种。每病分列有关原文若干，每条原文下加有按语及古今有关文献。书末附引书目录。

158　**《金匮经解》**

〔作者〕邱崇（字宗山）撰

〔成书年代〕1938 年

〔现存版本与馆藏地点〕

华北国医学院铅印本　277

159　**《金匮折衷》　二卷**

〔作者〕欧阳逸休（逸林）撰

〔成书年代〕1942 年

〔现存版本与馆藏地点〕

1942 年铅印本　1　385　475A　800

160　**《金匮新编》　九卷**

〔作者〕谢壶隐撰

〔成书年代〕1949 年

〔现存版本与馆藏地点〕

稿本　741

四、语 译

用现代语言对《金匮要略方论》原文篇章加以译释，始于近代。其著作结构的完善，当推任应秋先生于1959年编撰的《金匮要略语译》一书。这些译本，大多在条文之后，分校勘、词解、提要、语译、方解、按语与临床应用诸项撰写。译本之作直接明了，通俗易懂，更有助于青年后学对《金匮要略方论》的学习研读。

本部分所收译本，多为现代汉语译作，也有汉英双解、英语、日语与朝鲜语的翻译著作。

161 **《金匮要略译释》**

〔作者〕南京中医学院金匮教研组编著

〔初版〕1959年江苏人民出版社铅印本

〔内容介绍〕

本书以明代赵开美复刻《金匮要略方论》为蓝本，以《伤寒论》、《金匮玉函经》、《脉经》、《千金方》、《外台秘要》等书为对照，在对《金匮要略方论》加以校勘的基础上，将原文逐节译成现代汉语，并根据中医理论体系解释意义，同时选录历代注家中较有代表性的注解以供参考。对于药方，也都解释其作用，说明其应用范围，并选录医家运用这种药方的实践经验，以供参考。在每篇之前，先将全篇要旨作一概括说明，而于每篇之后，又作一小结。全书体例为：概说、校勘、提要、词解、语释、浅释、选注、按语、方解、应用范围、医案选录、结语、图表。

162　《金匮要略语译》

〔作者〕中国中医研究院编撰

〔初版〕1959 年人民卫生出版社铅印本

〔内容介绍〕

本书采用直译方法，按原书的条文逐条译成白话文。全书分二十五篇，以明代赵开美刻本为蓝本。书首之概说，介绍《金匮要略方论》的沿革、内容、方药与治疗特点等。原文部分，前二十二篇，采用直译方法，将原文逐条译成现代汉语，并加以浅注及按语；每方之后，列有方解，指出立方大意与用药规律。最后三篇，仅载录原文，未作译注。

163　《金匮要略语译》

〔作者〕任应秋编撰

〔初版〕1959 年上海科学技术出版社铅印本

〔内容介绍〕

本书根据明代赵开美刊刻《仲景全书》中的《金匮要略方论》，用现代汉语明白浅显地逐条翻译，并选择较切要的名家注释，作为理解的凭据。全书分二十五篇。每篇之首，有概括介绍；每篇之末，有小结并列表分析内容。凡六百零八条原文，以次编号，逐条语译，并选录古今名家的有关注释。此外，对某些前人未及阐释的文字，加以必要的注释，而凡与《伤寒论》相关的条文，均标明《伤寒论》条码。对蕴藏着古人实践经验的杂疗、食忌诸篇，酌加注释，以供探讨。书末所附总复习提要，便于读者在系统阅读的基础上，提纲挈领地掌握各篇的主要内容；方剂索引，便于临证检阅。

164 《金匮要略浅释》

〔作者〕山东中医学院编撰

〔初版〕1961 年山东人民出版社铅印本

〔内容介绍〕

本书据明代赵开美刻《仲景全书》本排印，对《金匮要略方论》全书用现代汉语逐篇进行解释。每篇之首有概论以作提示，篇末加以结语。每条原文下，设词解、语释、按语、方解等项。其明显错误之处，均加注订正。

165 《金匮要略语释》

〔作者〕刘献琳编撰

〔初版〕1981 年山东科学技术出版社铅印本

〔内容介绍〕

全书分二十二篇。原文取人民卫生出版社影印明代赵开美刻《仲景全书》"脏腑经络先后病脉证并治"至"妇人杂病脉证并治"部分，并重新编次少量原文。编写体例为：在每篇之前，写一简要概论，略记本篇的大意和数病合为一篇的意义，以及与《内经》的联系，然后以结语总结全篇的主要精神，并扼要叙述有关各病的辩证和治疗。在条文之后，分校勘、词解、提要、语释、方解、临床应用和按语数项。根据文献记载和个人临床经验，对方剂的衍生应用作扼要介绍。

166 语译 《金匮心释》

〔作者〕王谓川著

〔初版〕1982 年四川人民出版社铅印本

〔内容介绍〕

本书取《金匮要略方论》“脏腑经络先后病脉证并治”至“妇人杂病脉证并治”二十二篇，逐篇逐条对原文作词释语译，并将其临床心得结合现代医学成果，借以阐发仲景学说。篇末对全篇内容给予归纳小结，以概其要。

167 **《金匮要略》**

〔作者〕冉先德主编

〔初版〕1988年春秋出版社铅印本

〔内容介绍〕

本书为《白话中医古籍丛书》之一种。全书以明代吴勉学校步月楼刻《金匮要略方论》为蓝本，按原书卷次，分成上、中、下三卷，直译为主，意译为辅。保留23篇之后三篇，使成合璧，但未予白话解。原著的篇名、病名、方名、药名及药物和剂量也保持原文，未予翻译。书后附录“汉代度量衡与张仲景方药剂量考”，以便参考。

168 **《金匮要略语译》**

〔作者〕何任主编

〔初版〕1990年人民卫生出版社铅印本

〔内容介绍〕

作者以其主编的1990年《金匮要略校注》为底本，对《金匮要略方论》进行语释。全书按原著共25篇为序，介绍了40余种疾病，共260余首方剂。每篇前有“提要”，介绍全篇中心大意，对生僻古奥字词或难解中医术语，在原文后加以注解。“语释”以直译诠释为主，间或参以意译。全书译文流畅通达，既准确表达了原著本意，又便于读者学习研究。

169　金匮要略译释

〔作者〕李克光主编

〔初版〕1993 年上海科学技术出版社铅印本

〔内容介绍〕

本书为全国高等中医院校教学参考书。全书注重教学与医疗实践的结合，突出重点、难点、疑点，对教材中的基本概念、基本观点作了较为准确而详尽的阐述，对其源流与沿革、形成与发展以及临床意义等有较全面的论述。对历代文献资料，除补充正文所引不足外，又辟专栏选载以供教学之参考。

170　汉英对照《金匮要略》

〔作者〕阮继源、张光霁编

〔初版〕2003 年上海科学技术出版社铅印本

〔内容介绍〕

本书在完全尊重《金匮要略方论》原文意义的基础上，运用通俗易懂的现代语言，并采用汉英对照的方式，将《金匮要略方论》全书逐一译成英文。

171　SYNOPSIS OF PRESCRIPTIONS OF THE GOLDEN CHAMBER With 300 Cases（金匮要略方考及300医案）

Written by Zhang Zhongjing

Compiled and translated by Luo Xiwen. Ph. D

〔作者〕汉·张仲景原著，罗希文编译

〔初版〕1995 年北京新世界出版社铅印本

〔内容介绍〕

Treatise on Febrile Diseases Caused by Cold (Shanghan Lun)

and Synopsis of Prescriptions of the Golden Chamber (Jinkui Yaolue Fanglun) are the two most important classics of traditional Chinese medicine, written some 1, 700 years ago by Zhang Zhongjing, the great sage of traditional Chinese medicine.

The importance of these two books in traditional Chinese medicine is similar to that of Newtonian theory in the world of physics and Euclid's Elements in the field of geometry. These two books are still used by students as textbooks in all colleges of traditional Chinese medicine, as well as being used by medical practitioners and scholars in the field as reference books.

The present book, synopsis of prescriptions of the Golden chamber with 300 cases, is a completely revised edition of the previous synopsis of prescriptions of the Golden Chamber. As well as some revisions and improvements to the original translation, Professor Luo has also added illustrative case studies to the text. As some of the prescriptions also appear in the Treatise on Febrile Diseases Caused by Cold with 500 cases, representative ones by noted practitioners both in modern and ancient times was limited to 300. There selected cases are of great help to readers in understanding this ancient classic, a book still highly valued by all those who use its knowledge to relieve the pains of the general populace.

172 **《金匮要略》(日文全译本)**

〔作者〕(日) 丸山康清主编

〔初版〕日昭和四十二年明德出版社铅印本

〔内容介绍〕

本书作者为日本现代汉方医家，为给有志于日汉方医学研究者提供较佳版本，作者在中国历代注本基础上参考日本有关注本编成本书。全书分为“解说”和“原著译注”二部分。前者阐述了《金匮要略方论》的成书情况、主要内容与学术价值及如何学习理解，并详细解释中医学的有关脏腑辩证的主要术语，意在帮助读者研读原著；后者按《金匮要略方论》篇序，将原文译成日文，并略加注释和解析。每篇之中的小标题大多按我国的《金匮要略方论》注释本所设，但其中有些为作者自己所拟。书后附有病症、汤症与方名索引。

173　**（正统）《金匮要略》（朝文全译本）**

〔作者〕中国中国医研究院编撰，韩国医学研究社译编

〔初版〕1987 年韩国医学研究社铅印本

〔内容介绍〕

本书为朝文《金匮要略方论》的全译本，旨在为朝鲜医家研读《金匮要略方论》提供入门之书。先由中国中医研究院组织有关专家以明代赵开美《金匮要略方论》刻本为蓝本，并参考历代名注及有关经典医著编成汉译本，后由韩国医学研究社译成朝文。日本著名汉方医家矢数道明为之作序。全书以原著篇目为序，并分成上下页排列。上页右为原著条文，左为朝文注释，下页右为朝文原著条文，左为朝文注解。书后附有中国和日本历代《金匮要略方论》研究书目等参考资料和总索引。

174　**《金匮要略浅释》**

〔作者〕张之亮编著

〔初版〕1989 年甘肃科学技术出版社铅印本

五、发 挥

在《金匮要略方论》研究著作中，阐述发挥之作的出现，是仲景学说研究突破原书内容框架，在理论与临证应用上取得新发展的一个重要标志。有别于以注释为主的著作，作者大多具有丰富深厚的临证功底，更注重独立思考，不盲从附会前人之说，着力于以自己的心得体会，并结合临证经验来阐发原文经义。为此，阐发之作既拓宽了仲景学说的研究深度与广度，又反映了作者独自的研究成果，故对《金匮要略方论》学习研读更有着不同于其他类型著作的指导意义。

175 **《金匮要略解》**

〔作者〕（清）邹汉璜（仲辰、稼江）编著

〔成书年代〕1840年

〔内容介绍〕

本书系《邹氏纯懿庐集八种》丛书之一种。作者选录《金匮要略方论》中的九种病证，即"脏腑经络先后病脉证"、"痉湿暍病脉证"、"百合狐惑阴阳毒病脉证"、"疟病脉证"、"痰饮咳嗽病脉证"、"消渴小便不利淋病脉证"、"水气病脉证"、"惊悸吐衄下血胸满瘀血病脉证"、"疮痈肠痈浸淫病脉证"，对上述病证，以问答形式予以详尽阐发。

作者在总结吸收前人研究成果的基础上，结合自己的体会撰写此书，以此达到阐明《金匮要略方论》之旨。其特点：①强调治未病之理。②以经解经。运用经言或前贤之论，来阐述诸病证之病因、病机、症状、治则等。③每种病证之后，设立几首或十几首汤方，以备选用，并在每方之下列组成、主治、性味、归经、炮制、服法等，方便使用。全书说理通畅，言简意赅。

〔现存版本与馆藏地点〕

清道光二十年（1840）稿本　139

176　**《读金匮要略大意》　二卷**

〔作者〕（清）沈灵犀编撰

〔成书年代〕1875 年

〔内容介绍〕

本书系《泉唐沈氏医书九种》丛书之一种，未曾刊行。作者选录《金匮要略方论》中自痉湿暍病脉证并治篇至妇人杂病篇止，共 21 篇，依照原书排列顺序，为每一篇先写总论，概括其要旨，后附己见，阐发仲景原文经义，并批评诸家注疏之得失，论述病因、病机、症状、辨证、方药等。见仲景方药，则摘其要而录之，并参以己见，论述临证辨证用药活法机要，阐述作者研读《金匮要略方论》的心得体会。

〔现存版本与馆藏地点〕

稿本　139

177　**《读过金匮卷十九》　五卷**

〔作者〕陈伯坛撰

〔成书年代〕1929 年

〔内容介绍〕

本书系香港伯坛中医专门学校讲义，又名《读过金匮论》。卷一载《金匮要略》首篇至“中风历节病脉证并治第五”，卷二自“血痹虚劳脉证并治第六”至“腹满寒疝宿食病脉证并治第十”，卷三自“五脏风寒积聚病脉证并治第十一”至“水气病脉证并治第十四”，卷四自“黄疸病脉证并治第十五”至“呕吐哕下利病脉证并治第十七”，卷五自“疮痈肠痈浸淫病脉证并治第十八”至“妇人杂病脉证并治第二十二”。陈氏据张仲景原序“平脉辨证，为伤寒杂病论，合十六卷”之语，以为霍乱篇居卷十六。“《金匮》从十六卷翻出，可作卷十九观”。全书注文多宗《内经》、《难经》，药性每从《神农本草经》，强调读《金匮要略》应与《伤寒论》合观。认为《金匮要略》是卒病之代名词。治卒病则重于个“风”字，求合于五行之变化，是治卒病之手眼。尤其讲究原文读法，谓“字字有层累曲折之理在，句句便有层累曲折之文在”。如曰：“是书开宗明义第一条，仲景又蔽之以一传字，申言之曰‘中工不晓相传’，引起第二条‘血脉相传’两传字，生出入其腠理个‘入’字，曰愈、曰死、曰卒厥，无非点明卒病个‘卒’字”。又曰：“首条末句曰‘余脏准此’，是举一方一法以例其余；第二句中曰‘千般疢难，不越三条’，是举三例以例千病；第十二条句中曰‘非为一病，百病皆然’，是举一病以例百病……仲景书条条有此例。”如是阐幽探奥、融会贯通，却无咬文嚼字之嫌。

本书作者是岭南近代最著名的金匮家，研究《金匮》数十年，结合临床著成本书。书中既以经解释，又以经验证经，并阐述自己的学术思想，是一部具有较高学术价值的金匮研究专著。本书作者的主要思想：仲景书宜合卷，探讨《金匮》当与《伤寒》合观；阐发经旨必从精微处着眼；论卒病注重“风”字；读《金匮》要注意理解一“传”字；《金匮脏腑经络先后病》是仲景原著，非后人加入；阴阳毒是五脏之阴阳被蚀，阳毒是阳被蚀而无阳。作者注重独立思考，不盲从附会前人之说，书中几无引用历代注家之言。主张治杂病须从五行上着眼，即从脏腑之关系研究《金匮要略方论》本意。在注释中侧重条文之间的上下贯通、左右类比。全书有比较、有鉴别，有助于后学的理解融会。

〔常见版本与馆藏地点〕

1. 1929 年、1940 年伯坛中医专校铅印本 139 186 590 940

2. 1956 年人民卫生出版社影印本

3. 2004 年中医古籍出版社黄仰模等点校

178 **《金匮发微》四卷**

〔作者〕曹家达编撰

〔成书年代〕1931 年

〔内容介绍〕

本书为著者数十年临证经验的总结，一字一句都出自心得。与一般汇集前人注释不同，本书融会仲景全书，本仲景书之精神，详为分析，不标新立异，亦不泥于一家之偏见。书中力求提要钩玄，分析精义，并部分地校订原文，纠正前人一些错误或不当的注解。注释各条不但能解析病理，且博引著者多年经验。以为佐证，使读者知所运用。

本书与《伤寒发微》于 1956 年由上海千顷堂书局出版合刊本，题名《曹氏伤寒金匮发微合刊》。

〔常见版本与馆藏地点〕

1. 1936 年上海医学书局铅印本 1 186 289 309 590 852 907C 921

2. 1956～1957 年上海卫生出版社铅印本

3. 1959 年上海科学技术出版社铅印本

179 **《金匮要略今释》八卷**

〔作者〕陆渊雷编撰

〔成书年代〕1934 年

〔内容介绍〕

本书又名《金匮要略方论今释》、《订正金匮今释》，系民国时期又一部力图以中西医汇通方式注释与阐发《金匮要略方论》之作。作者本着“汉师训诂”为主，结合“远西科学”博考深思，以达到“疏通互证”之目的。是书以《金匮要略方论》“脏腑经络先后病脉证并治第一”至“百合狐惑阴阳毒病脉证并治第三”为第一卷；“疟病脉证并治第四”至“血痹虚劳病脉证并治第六”为第二卷；“肺痿肺痈咳嗽上气病脉证并治第七”至“腹满寒疝宿食病脉证并治第十”为第三卷；“五脏风寒积聚病脉搏证并治第十一”至“消渴小便不利淋病脉证并治第十三”为第四卷；“水气病脉证并治第十四”至“惊悸吐衄下血胸满瘀血病脉证并治第十六”为第五卷；“呕吐哕下利病脉证并治第十七”至“趺蹶手指臂肿转筋阴狐疝蚘虫病脉证并治第十九”为第六卷；“妇人妊娠病脉证并治第二十”至“妇人杂病脉证并治第二十二”为第七卷；“杂疗方第二十三”至“果实菜谷禁忌并治第二十五”为第八卷。书中对原文除引证历代注家与日本汉方医家见解外，为中西医汇通提出己见。原文据《仲景全书》之赵开美本为底本，并以日本丹波元简《金匮玉函要略辑义》及丹波元坚《金匮玉函要略述义》为旁校。其体例为：每篇先注明论几首、脉证几条、方几则，次为概论本篇大意，多用西说阐明。每条原文之下，博采众家之说，并重于校勘，个人发挥以按语表明。每方之后，除选历代医家方解外，并附古今验案。文章每以西医解剖、生理、病理等理论疏证。如首篇“肝病传脾”，释为“交感神经之刺激”，“胃肠常日受制，则消化不良，或干呕，或便闭，或胃脘痛”；妇人杂病篇“转胞”，胞系了戾不得溺，以为“乃游走肾之嵌顿症也”。此书以“中西医汇通”著称，于《金匮要略》之阐释自成一家之言。

〔常见版本与馆藏地点〕

1. 1934、1935 年上海陆氏医室铅印本　21　139　279　301　308A　361　381　391　412A　491　514A　590　664　677A

799A　839A　907B　922　940

2. 1955、1957 年人民卫生出版社铅印本

180　《金匮篇解》

〔作者〕程门雪原著，何时希等整理

〔成书年代〕1939 年

〔内容介绍〕

全书分二十六篇，包括上工治未病、闻声辨息解，以及痉、湿、百合病、疟、中风、历节、虚劳、肺痿、肺痈、咳嗽上气、腹满、寒疝、宿食、痰饮、咳嗽、消渴、淋、水肿、石水、黄汗、黄疸、血证、呕吐哕、痢等病解。作者以己之心得体会，对《金匮要略方论》原文加以评注发挥。书末附有作者晚年发表的对中风的治疗经验和学习《金匮要略方论》的体会等有关论著。

〔常见版本〕

1986 年人民卫生出版社铅印本

181　《金匮要略释义》

〔作者〕黄树曾编撰

〔初版〕1956 年人民卫生出版社铅印本

〔内容介绍〕

作者认为《金匮要略方论》文字深奥，初学者不易理解，遂着重以中医传统理论结合个人学术经验予以诠释，并联系所论的因、证、治等加以分析，此外还广泛联系生理、解剖、病因、病理以及诊断、治疗等问题。在编次方面删去原著中最后三篇，并将《金匮要略方论》诸篇方剂列于后。全书不分卷次，按原著顺序编排。作者对中医经典颇有研究，善采集各家之精华，注释力求医理详尽，切合临床，通俗易懂，对前人注之不妥处亦敢于指出异义。尤其附列各家之经验，有助于读者联系临床实际学

习《金匮要略方论》。

182 《金匮要略简释》

〔作者〕秦伯未编著

〔初版〕1958 年人民卫生出版社铅印本

〔内容介绍〕

作者根据自己长期研究《金匮要略方论》的体会，并结合数十年来教授弟子学习中医经典的方法，旨在为初学者提供入门佳径而撰作。

作者认为，“钻研仲景著作，主要是学习他的辨证和治法”，遂打乱原书次序重新编次。全书共三十八章，对应为痉病、湿病、暍病、疟疾、历节病、虚劳病、小便不利症、外科疾病、妇科疾病等三十八种。书中对原文有选择的加以扼要解释，并据个人经验心得，列出对各病的治法、方药。书末有“金匮方简释”一文，除将仲景用药的炮制、用量、剂型和服法用法作概括性的介绍外，还把原著所用方剂依笔画顺序排列，并述明主治。

183 《金匮要略通俗讲话》

〔作者〕何任编著

〔初版〕1958 年上海科学技术出版社铅印本

〔内容介绍〕

作者系当代著名经方专家，博学多识，临症经验丰富。为使初学者入门，作者化繁为简，以通俗讲话方式，贯古今之说，集历代精华于一帙，并结合临床实际阐发己见，对原著进行系统的综合、归纳与分析。全书从源到流，层次分明，文字浅显，讲解详尽。其篇目顺序依一般版本，但略去后三篇。

每篇先概说，次分病证讲述，从病因、证候到鉴别、治法，剖析明了。最后对诸病作评论性总结，以供读者临床参考。

184 《金匮纲要》

〔作者〕江苏省西医学习中医讲师团、南京中医学院金匮教研组合编

〔初版〕1959年人民卫生出版社铅印本

〔内容介绍〕

本书旨在为西医学习中医人员提供简明扼要的《金匮要略方论》读本。全书按《金匮要略方论》原书次序分为22篇，其一篇中论述两种以上病证者，则每病单独论述。每一病首先作一简要说明，以下即分含义、病因、脉象、症状、治法、方剂等项扼要介绍，每一项下皆先引用原文，然后加以解释，有时附以后世学说或方剂，互相对照使读者明了学术渊源。凡总结叙述或鉴别诊断时，则附以表格。每一篇最后皆有“结语”一项。

185 《金匮要略易解》

〔作者〕陶葆荪编撰

〔初版〕1963年广东人民出版社铅印本

〔内容介绍〕

作者对学习《金匮要略方论》概括提出了“原则启发，举例说明，重点鉴别”的见解，并以此为原则编撰本书。全书取《金匮要略》“脏腑经络先后病脉证”至“妇人杂病脉证并治”共二十二篇，以《古今医统正脉全书·金匮要略方论》本原文为依据，参考明赵开美校刻本《仲景全书》予以校勘，重新编次某些原文，并在详述调整理由之后，加上释文，除将原文释成比较浅近的文字外，并尽量吸收历代注家比较合理的注释，结合作者临床经验与体会，对原著的学理加以适当引申发展。释文之后，多数又加上按语，以表达作者对原文的分析意见及学术见解。原方剂后加上“方解”和“按语”，对方剂组成和药物效用

作一定阐发。原著后三篇未予编入。

186 **《金匮要略简编》**

〔作者〕广西中医学院主编

〔初版〕1980年广西中医学院铅印本

〔内容介绍〕

本书从《金匮要略方论》中选取前十七篇原文，加以归类并作通俗简明的注解和分析。每篇之后加以小结，将该篇的主要学术观点及其临床价值作扼要的阐述。正文中分原文、词解、提要及分析等栏目。

187 **《金匮要略浅述》**

〔作者〕谭日强编著

〔初版〕1981年人民卫生出版社铅印本

〔内容介绍〕

本书首先对每条原文作了校勘，对难解的字句作了注解。

全书三卷二十五篇，一至十篇为上卷，十一至十九篇为中卷，二十至二十五篇为下卷。原文取自宋代林亿编次的《金匮要略方论》。浅述部分，包括提要、释义和方解，并加了按语。每个方后，选录历代名医有关医案，或编者个人临床治验。对部分简缺条文，提出补正意见，以供研习《金匮要略方论》原著之参考。每篇篇首扼要介绍全篇大意，篇末对全篇内容作补充小结，并附有内容归纳表，以备读者在系统学习、全面掌握的基础上，独立思考，巩固提高。最后三篇，仅载录原文，未予注释。

188 **《金匮要略新解》**

〔作者〕何任编撰

〔初版〕1981年浙江科学技术出版社铅印本

〔内容介绍〕

本书是作者在所编《金匮要略通俗讲话》基础上，结合近20年来研究成果而撰成。全书内容曾在1978～1980年的《浙江中医学院学报》以“金匮要略浅释”为题连载，颇得读者好评。全书增加一些原文内容，修改一些赘繁的文字，同时在某些方剂的使用上补充了必要的临床证验病例，力求更有助于对原著的准确理解和解决临床实际的需求。全书说理透彻畅晓，文字清新悦目。

189　**《金匮要略提要便读》**

〔作者〕何任编著

〔初版〕1983年北京科学技术出版社出版铅印本

〔内容介绍〕

本书作者既着眼《金匮要略方论》的研究提高，更致力于中医经典的阐发普及，以图兴废续绝，继往开来，故在已有多本专著问世的基础上，为使初学者易于领会原著主要内容与基本精神而编撰本书。

全书先列《金匮要略方论》原文，并作简要夹注，然后对每篇原文作内容提要，在提要中对原著所载病症，从病因、症状和治疗等方面加以归纳分析。全书提纲挈领，主次分明，尤其适合读者在学习《金匮要略方论》原文时参考。

190　**《金匮要略浅释》**

〔作者〕郑艺文编撰

〔初版〕1983年湖南科学技术出版社铅印本

〔内容介绍〕

本书以原著明代赵开美刻本为蓝本，对《金匮要略方论》

前22篇于每篇之原文前，先标出内容提要，继之即为原文、词解、语译、按语、方解等项，间或于按语中或方解后选载古今治案。书中某些方证，酌量引用古今临床实践经验。对原著23～25篇原文少数词句予以注释外，一般不难解释的均不再解释。全书通俗晓畅，析理详明。

191 《金匮要略诠解》

〔作者〕刘渡舟等编著

〔初版〕1984年天津科学技术出版社铅印本

〔内容介绍〕

全书二十五篇凡六百零六条原文编排，以《古今医统正脉全书》本《金匮要略方论》为蓝本，同时参阅有关注家的注释，结合作者自己教学和临床体会，对原文作了较深入的分析和讲述。在诠解原文时，对前二十二篇计三百九十六条，依次从理论到实践系统地进行诠释，力求按疾病的客观规律，阐述疾病的病因病机、证候特点及以疾病的传变规律，遵照张仲景辨证论治的思维方法，说明《金匮要略方论》辨证、立法、处方用药的规律，并选列相应的历代名注和医案，以加强对原文的理解。为进一步探讨仲景的学术思想，在诠解原文时特别指出书中的学术思想和意义，对前人存有疑问的条文、附方，作必要的解释和校勘，以供参考。最后三篇"杂疗方"、"禽兽鱼虫禁食并治"、"果实菜谷禁忌并治"，仅附选注作参考。编写体例：①每篇冠概说，介绍本篇讲述的重点内容；②每篇末有结语，总结本篇主要精神；③条文词解；④条文诠解；⑤选注；⑥病案举例；⑦校勘。书末附有《金匮要略方论》原文校勘。

192 《金匮集释》

〔作者〕杨百茀主编

〔初版〕1984 年湖北科学技术出版社铅印本

〔内容介绍〕

本书以明代赵开美刻本《仲景全书》为蓝本，以全国中医药高校教材《金匮要略讲义》条文排列为次序，广采博搜古今研究《金匮要略方论》名家见解与医案，并参考作者长期教学与临床经验所编成。

全书编写体例为：概说、校勘、词解、提要、语译、分析，按语、选注、医案等。书前“绪言”，全面系统地阐述了《金匮要略方论》的内容与学术特色以及对中医临床的指导作用。

193 **《金匮释按》**

〔作者〕梁运通编著

〔初版〕1984 年内蒙古人民出版社铅印本

〔内容介绍〕

本书以商务印书馆 1955 年版《新编金匮要略方论》为蓝本，将《金匮要略方论》前 22 篇分作 48 个病证，列为四十六章。编写体例为：对每一病证均先介绍病证的含义、内容及其类似病证的鉴别。原文按其内容性质，分病因病机、辩证、论治或辩证论治、各证治法重新编排以求清晰醒目。在原文后用括号指出原篇次序，以便查阅不同版本时参考。每条原文又分有：提要、浅释、选评、按语。

194 **《金匮诠释》**

〔作者〕金寿山讲授，上海中医学院出版社编撰

〔初版〕1986 年上海中医学院出版社铅印本

〔内容介绍〕

本书为著名中医学家金寿山主讲《金匮要略方论》数十年的结晶，全书反映了他毕生研究的成果和临床实践的丰富经验，其

中多有独到的见解。书中还收载了近代中医名家程门雪关于《金匮要略方论》的精辟论述。作者在“自序”中提出辨病与辩证相结合，辨脉与辨因相结合，通治方与专治方相结合，勤求苦训与博采众方、平脉辩证相结合等体会，对后学者颇有启迪。全书凡十四篇，依次为脏腑经络先后病，百合、狐惑病，湿痹、历节病，虚劳病，胸痹、心痛、气短病，腹满、寒疝、宿食病，五脏风寒积聚病，痰饮、咳嗽病，消渴病，水气病，黄疸病，血证，呕吐、哕、下痢病，疮痈、肠痈、浸淫病。每篇之首有概述，篇末有结束语，共选释《金匮要略方论》原文一百九十四条。释文有直解，有引证，有议论，有发挥，有析疑，并附以临床医案。

195　**《金匮要略指难》**

〔作者〕王廷富编著

〔初版〕1986 年四川科学技术出版社铅印本

〔内容介绍〕

本书以赵开美刻《仲景全书》中《金匮要略方论》为蓝本，取“脏腑经络先后病脉证”至“妇人杂病脉证并治”二十二篇，重新编次整理。编写体例为篇前有概要，简述本篇大意，而在每条原文之后，有校正、词解、论注、按语等项，并根据《脉经》、《千金方》、《外台秘要》等进行了校勘。本书的特点为按语中指出原文的重点、疑点、难点、方义和运用，并发挥已见，结合本人经验列举典型病例等。

196　**《金匮要略阐释》**

〔作者〕杜雨茂、张联惠编著

〔初版〕1987 年陕西科学技术出版社铅印本

〔内容介绍〕

本书分概论和各论两部分。概论部分主要论述《金匮要略方论》一书的沿革、基本内容、学术思想及特点，旨在使读者对全书有一基本的了解。各论部分以明代赵开美复刻宋本《金匮要略方论》为蓝本，对前22篇予以阐释。条文按原著顺序分别编号排列，阐释内容有五项：注释，对原文中不易理解的字、词、术语进行必要的解释、纠错，脱简者进行校勘、考证，特殊文法给予注明；译解，用现代汉语释解，并吸收历代医家较确切的见解，结合作者体会，对原文的涵义加以分析阐发；参考，选取历代注家著作中比较精粹而有代表性的译释原文一至数段；按语，对原文中争论未决或内容不全有待补充之处，以及前后条文需要联系互参方能得其要领者，予以扼要陈述；实例，对绝大多数原著条文及方剂，据其理法方药，精选古今医家及编者的临床验案逐一附列。

全书共附验案480多例，各个方剂之下还列有方义，以阐发组方大法、治疗原理，与原条文互为呼应。对23～25篇则照录原文，未予阐释。书末附“东汉与今衡量折算表”。

197 《杂病原旨》

〔作者〕欧阳錡编著

〔初版〕1987年人民卫生出版社铅印本

〔内容介绍〕

本书在作者己见基础上，遵循仲景学术思想，系统阐发《金匮要略方论》原意，为深入学习研究仲景学术思想及学习《金匮要略方论》原著提供简捷的门径。全书共二十二篇，取明代赵开美刻《仲景全书》本《金匮要略方论》重新编次，数病合篇者加分类标题。各篇首有简要说明。原文部分，除勘误外，逐条进行注释。本书认为杂病辨证应以风气外感、脏腑发病、内邪结聚三者为纲，方可纲举目张。

198 《金匮要略训解》

〔作者〕袁世华编著

〔初版〕1988 年中医古籍出版社出版

〔内容介绍〕

本书系《春湖医谭中医系列丛书》之一。全书按病证、证候、病因病机、治法、方药分门别类，内容深入浅出，有分析、有归纳、有对比、有讨论，并注重临床应用。书末附研究生试题选。

199 《金匮要略》

〔作者〕何任、何若苹编撰

〔初版〕2005 年人民卫生出版社铅印本

〔内容介绍〕

本书系全面研究与阐发《金匮要略方论》之作。全书分 25 篇，介绍 40 余种疾病，计 260 多首方剂。第一篇是脏腑经络先后病脉证，为本书总论；第二～十七篇论述内科杂病的辨证证治；第十八篇论外科疾病的证治；第十九篇是疝气、蚘虫等病的论治；第二十～二十二篇论妇人妊娠、产后和杂病；最后是杂疗和食物禁忌等三篇。为了便于读者学习，本书设有介绍《金匮要略方论》沿革、基本内容、编写体例以及学习方法的"导读"。

200 胡庚辰评注《金匮要略》

〔作者〕张玉清编著

〔初版〕2006 年中医古籍出版社铅印本

〔内容介绍〕

本书对《金匮要略方论》成书经过、编写体例作了简要的阐述，另将写作方法、脉法应用、治法方药、学术渊源等作了介绍，重点对《金匮要略方论》原文进行较深入的分析、解释、评述及发挥。编排未按原文顺序，原文序号附条后，个别条文未作解释。

201　**《金匮要略读本》（中医四部经典解读）**

〔作者〕张家礼、江泳编撰

〔初版〕2006年化学工业出版社铅印本

〔内容介绍〕

本书以宋·林亿等诠次、明·赵开美校刻的《金匮要略方论》为蓝本。全书分为总论和各论两部分。总论主要阐述原著的学术成就，以及学习原著的方法。各论共22章（杂疗三篇略去未载），以分类编排的方式，按章节统一格式：每篇之首设学习要求，后根据需要安排原文研读（分设代表原文、参考原文、白话语释）、原文解析（分设主要脉症、病机、治法、主方、主方分析、注意事项、比较鉴别）、临床应用（分设应用要点、医案举例）。书末"附录"有"汉代度量衡与张仲景方药剂量简表"（为新的研究成果）。为节省篇幅，将个别与《伤寒论读本》重复或相对较不重要的条文略去不载。另外，为方便阅读，除目录（相当于证的索引）外，另列参考文献和方剂索引。

202　**《金匮要略约说》　三卷**

〔作者〕（日）原题陈庵盐田先生口授，门人谷其章笔记

〔成书年代〕1825年

〔内容介绍〕

作者序称，"札记诸注及师说，编成一书，名《金匮要略约说》"。书成后一直未曾刊刻。全书选《金匮要略方论》原书条文仅五十余条，参以己见，并记其师说，而对其他条文及附方，

或斥为“妄论”，或曰为“伪方”而不释。

作者认为，以问曰、师曰、论曰立论者，系后人附托之文，宜删之。但为了保存古意，故摘录开头一二句或三五句，或标出方名。注中所论之字义及药物本文略而不录，让读者对照宋板全书便知。注中所列注家，如沈明宗编注、魏荔彤本义、程林直解、徐彬论注、尤怡心典、乾隆帝金鉴、名古屋玄医注解、丹波元简释义等，皆举姓氏而不及书名，若其他所引则载书名。作者对金匮书名有其创见。认为“古来以此书为杂病论之遗，滔滔天下无复有异论，以余观之则不然，盖《伤寒杂病论》因是一书之名，而非二书相合之谓也。古今误以杂病论为一种书之名，于是乎纷纭之说起，遂充杂病论以本书耳！抑本书后人补缀乎，断简残编而作伪之书，而遗之又遗者也……”。

〔现存版本与馆藏地点〕

日本文政八年（1825）赤山堂抄本　7

203　**《金匮要略札记》**

〔作者〕（日）山田业广编撰

〔成书年代〕1858 年

〔内容介绍〕

本书是作者在完成《（新编）金匮要略方论集注》次年编撰的又一部研究仲景学说的力作。作者在自序中称其青年时即嗜习《伤寒论》、《金匮》，于丹波元简之《金匮玉函要略辑义》再四研读，更取明、清以来诸家之注反复考核，“其际间有私心不安者，乃笔之于《辑义》上层，积以岁月，因先积《释文》二卷”，后不幸被焚。自嘉永元年（1848）至三年，复纂成《伤寒金匮类纂》三十余卷，犹有未尽之意，故又撰《札记》，历时五月，完成《金匮》第一至第二十二篇的考订与注释。“杂疗方”至“果实菜谷禁忌”等三篇，系安政五年补撰。是书对仲景《金匮要略方论》

诸病的篇题、病名、脉证、方药乃至煎服方法中的字、词、句、段，凡有须加考订及注疏者，辄先书原文，下加校勘、考证、注释或发挥，除综合、折衷历代诸家之论外，颇多已见。

〔现存版本与馆藏地点〕

日本安政五年（1858）稿本　139

204　**《金匮要略阐义》　二十五卷**

〔作者〕清·汪近垣编

〔成书年代〕1851～1861 年间

〔现存版本与馆藏地点〕

抄本　650

205　**《金匮指髓》**

〔作者〕裴荆山撰

〔成书年代〕清末

〔现存版本与馆藏地点〕

《裴氏医书指髓七种》1915 年抄本　461

六、临　证

《金匮要略方论》是中医治疗学的经典之作，它之所以为历代医家倚重，显然在于它的临证应用价值。它不但从宏观上奠定了中医辨证论治的学术体系，又在微观上指出了具体病症的治则治法，故近代以来的研究者，更注重结合各个时期的医疗实践，对其进行全方位的深度研究，努力发掘它对中医临床的指导作用，使仲景学说生生不息而发扬光大。

这些著作，无不反映《金匮要略方论》临床应用的新成果，颇显时代气息，对广大临床医务人员来说有着直接的借鉴指导作用。

（一）通论

206　**《金匮平脉辨脉汇编》**

〔作者〕（清）王介庵编撰

〔成书年代〕1884 年

〔内容介绍〕

本书将《金匮要略方论》中有关于平脉辨脉的内容，重新调整归类改编，分为病因总论、望察色状、闻辨声息、问病根由等四大类，每类之下又分若干小类，小类以问答形式列论与解释。由于内容以分类汇编为主轴，故书名曰《金匮平脉辨脉汇编》。全书设 101 问，每问先陈原文，后释其义。原文为大字，中间以双行小字夹注。每个问答之后，作者附加按语，总结或评论该段原文的精义。本书设类精当，语言浅显，论述简洁。

〔现存版本与馆藏地点〕

清抄本　139

207　《长沙杂病》　五卷

〔作者〕（清）何德藻（芙卿）编

〔成书年代〕1896 年

〔内容介绍〕

本书系作者所撰《拾慧集》十二种中第一种。全书以《金匮要略方论》原文为纲，以诸家之论为纬，并参以己见而成。全书共 37 篇，内容多为内科杂病。卷一为脏腑脉证、痉、湿、暍，卷二为百合、狐惑、阴阳毒、疟疾、中风、历节风、蚘虫，卷三为血痹、虚劳、肺痿、肺痈、咳嗽上气、胸痹心痛短气、腹满、寒疝、宿食，卷四为五脏风寒、积聚、痰饮咳嗽、消渴、淋症、小便不利、水气病、黄疸，卷五为惊悸、吐衄血、下血、胸满淤血、呕吐哕、下利、趺蹶手指臂肿、转筋。

全书立原文于篇首，在一句或一段之后，设双行小字予以夹注。于每症之下，选编各家精粹，或见闻之有据者，附以按语，补其未备。按后列方剂配伍，详辨证准则，或制方深意，及加减活法。每方之后即括为歌，以助记诵之便。仲景未备各症，另集入《拾慧集续集》中。全书提要钩玄，分析精义。

〔现存版本与馆藏地点〕

1. 清光绪二十二年丙申（1896）吉林东兴印书馆铅印本　391　589　590　677A

2. 1920 年何家鲲铅印本　139　590

208 《杂病证治》

〔作者〕翁维良整理

〔初版〕1982年人民卫生出版社铅印本

〔内容介绍〕

本书汇集郭士魁老中医几十年来运用经方诊治杂病丰富的临床经验，详细分析中医杂病的治则、经方与药物的应用方法及切诊。后附验方汇编。

209 《金匮心释》

〔作者〕王谓川编著

〔初版〕1982年四川人民出版社铅印本

〔内容介绍〕

本书作者以60余年临床经验心得为基础，并参考运用现代医学成果对《金匮要略方论》各篇进行评说。全书既指出了《金匮要略方论》对中医临床的重大指导作用，又根据已见补其不足。编写体例为原文、词释、语释、体会。

210 《金匮临证举要》

〔作者〕邓铁涛编著

〔初版〕1987年广东科学技术出版社铅印本

〔内容介绍〕

本书作者为著名中医学家，经方临证博学验丰。为帮助后学临床应用《金匮要略方论》的理、法、方、药，作者本着忠实于原著和理论联系实际的原则，用通俗易懂的语言对原著各篇加以阐述，并附部分病例和主要原文。对原文中药物的份量，根据临床实际和目前常用的换算方法全部换算成克或毫升，对其中一些方以“分”为单位的药味，鉴于对“分”的含义留有争议，故仍用原文中的“分”。

211 **《金匮临证举要》**

〔作者〕陈纪藩、廖世煌编写

〔成书年代〕1987年广东科学技术出版社铅印本

〔内容介绍〕

全书按《金匮要略方论》前文二十二篇阐述原著经方在内科杂病中的临证应用，兼及外科、妇科方面内容。

212 **《金匮临证备要》**

〔作者〕李敬孝等编著

〔初版〕1989年黑龙江科学技术出版社铅印本

〔内容介绍〕

全书分总论与各论两部分。总论阐述《金匮要略方论》的整体观念和辩证论治原则，各论以原书病证为纲，每一病证按概念、病证特点、病因病机、治疗原则、辩证论治、医案选录、按语等项叙述。是书以简明扼要、临证实用为宗旨，既忠于原文，又有所阐发。书末附方剂索引。

213 **《杂病治疗大法》**

〔作者〕左季云撰著

〔初版〕1989年天津科学技术出版社铅印本

〔内容介绍〕

本书阐述《金匮要略方论》杂病论治，各章皆按症状、脉象、主治或脉证合参等论述，以便研阅。书后附特效医案，犹之法院判决例，为法家断讼之准绳。原著自杂症以下三篇，作者疑为后世续入，乃删去不述。

214 《简明金匮要略校释及临床应用》

〔作者〕赵凌云编著

〔初版〕1991 年中国科学技术出版社铅印本

〔内容介绍〕

本书以《古今医统正脉全书》1955 年商务印书馆重印本为蓝本，依原著篇次广泛汇集各注家精华进行校释，并根据各注家临床经验及本人实践，重点论述其临床应用。全书体例为：原文、校勘、词解、语译、文解、提要、方解、方剂运用、按语、结语。注释以当代临床实践为依据，凡不符合者不予罗列。在“方剂运用”栏中，重在介绍其现代适应症，以挖掘经方的临床价值。全书简明扼要，通俗易懂，尤其适应临床医务人员学习。

215 《金匮要略临床研究》

〔作者〕王占玺主编

〔成书年代〕1994 年科学技术文献出版社铅印本

〔内容介绍〕

本书作者以近 40 年的理论研究和临床实践为基础，结合前人的经验，重在阐明张仲景在治疗杂病中的辩证思路和组方原则。全书以《金匮要略方论》四部备要本为蓝本，对原著的前 22 篇进行归纳阐述。编写体例为概说、原文、词解、重点、解析、辨释、病案例举、小结等。内容有详有略，行文简明扼要。

216 《金匮杂病论治全书》

〔作者〕吕志杰编著

〔初版〕1995 年中医古籍出版社铅印本

〔内容介绍〕

本书以学以致用为宗旨，在广采博收前人研究精华的基础上，本着以经（经典著作）解经、以注（历代《金匮要略方论》名注）解经、以新（现代研究成果）解经与以心（作者心得体会）解经原则，对原著进行阐释。

全书分正编与附翼两大部分。“正编”于原文之下设简释、医案、文摘、药理研究等项目，并逐项加笔者按。“附翼”收入作者多年来结合临床实践与读书心得而研究仲景学说的专题论文41篇，内容涉及理、法、方、药及其他诸多方面。书后附有中医病名索引、西医病名索引、方剂索引及主要参考文献等，以便检索。

217 **《金匮证治精要》**

〔作者〕张建荣编著

〔初版〕1997年人民卫生出版社铅印本

〔内容介绍〕

本书以实用与易学为目的，以原著为依归，结合作者自己长期教学体会与学生要求，着重对《金匮要略方论》的病症内容与辩证论治精神进行系统的整理与阐述。全书分两大部分，第一部分为概论，论述原著成书的沿革、主要内容、学术渊源与特点、与《伤寒杂病论》之异同、条文析义方法；第二部分按原著篇次顺序，采用以病为纲、分证论述的模式，对疾病的证候按主病、病因病机、治法、方药、方析五个层次加以阐述。作者将原著条文置于后，对条文不再释义，而将其精义要旨，在各自证候中作集中、通俗与深入浅出的分析，尽量阐明其重点、特点、难点与鉴别点。全书论及50余种疾病，230多种证候，选方180余首，引据原文370多条。并设“现代应用”项，精选现代研究应用案例，用以拓宽读者视野。

218 《金匮妇人三十六病》

〔作者〕张建荣编著

〔初版〕2001 年人民卫生出版社铅印本

〔内容介绍〕

本书作者在对张仲景《金匮要略方论》进行深入研究中发现，原著妇人病三篇所论疾病基本有 36 种，均属常见病、多发病，其治法精深有致，方剂 36 首，药物 77 种，沿用至今，久用不衰，故以通俗新颖之体例加以论述，全面解析阐发。全书有层次，有眉目，寻根溯源，启玄钩沉，概述 36 病之内涵，并指出相当于现代医学何病，结合现代科研及临床，逐病详述，是指导妇科临床应用的专著。

219 《金匮要略理法方药研究》

〔作者〕柴可夫编著

〔初版〕2002 年上海中医药大学出版社铅印本

〔内容介绍〕

本书是作者结合长期从事《金匮要略方论》教学之体会，并参考相关资料撰写而成。全书共分六章。第一章为概述；第二章介绍《金匮要略方论》的基础理论研究，论及病因病机、辩证原则、辩证方法、脉证与腹证；第三章介绍治疗原则和方法研究；第四章介绍方剂研究、论及制方理论、配伍特点、剂型与类方；第五章介绍药物研究，论及药物分类、炮制、剂量、煎煮方法及用药规律、药对、药量；第六章介绍护理研究，论及护理学术、专病护理技术及护理操作技术。全书可供中医院校学生、西医学习中医和基层医务工作者学习参考。

220 **《杂病广要》**

〔作者〕(日)丹波元坚(亦柔·茝庭)撰注

〔成书年代〕1853 年

〔内容介绍〕

本书广泛选集我国历代医籍中有关内科杂病(不包括伤寒论)的论述,经分类编辑而成。全书共分外因类、内因类、诸气病、诸血病及脏腑类五类,每类又各分若干病症,对每种病证的名义、病因、脉候、症状、治疗及方药等均作了系统全面的介绍。所引文献比较精要,对临床有一定参考价值。1958 年人民卫生出版社出有铅印本。

(二)方解

221 **《金匮百七十五方解略》 六卷**

〔作者〕清·杨希闵(钱佣,卧云居士)编撰

〔成书年代〕1852 年

〔内容介绍〕

收载《金匮要略方论》方剂一百七十五首,每方均录出处、组成、剂量、方义,间有兼释病证者。书末附有宋·孙奇等校正《金匮要略方论》附方三十五首。

〔现存版本与馆藏地点〕

稿本 3

222 **《金匮方证详解》 六卷**

〔作者〕清·吴槐绶(子绂)编撰

〔成书年代〕1906 年

〔内容介绍〕

本书于清光绪三十四年辑入《吴氏医学丛刊》。卷首载《素灵精义》一卷，分二十章。卷一为“脏腑经络”，列十六节；卷二为“外感诸证”，分述五脏风寒、脏腑积聚、中风、历节、痉、湿、暍病、百合、狐惑、阴毒、阳毒十一证，计三十方；卷三、卷四为“内伤诸证”，分述血痹、虚劳、惊悸、吐衄、下血、奔豚、水气、黄疸、呕吐、下利、肺痿、肺痈、咳嗽上气、胸痹心痛、腹满、寒疝、宿食、趺蹶、手指臂肿、转筋、狐疝、蚘虫二十证，计一百二十八方；卷五为“外科诸证”，列疮痈、肠痈、金疮、浸淫疮四证，计六方；卷六为“妇科诸证”，列妊娠、产后、杂病三十六证，计二十八方。对《金匮要略》原书篇章与条文的次序有较大更改。如将脏腑积聚、中风、历节、百合、狐惑病等列入“外感诸病”，以其“为伤寒之变证”；又将肾着、肾死脏、热在上焦中焦下焦条与脾约麻仁丸合为一节解释，并分别冠以“五脏风寒四”、“五脏风寒七”的标题；更将小半夏汤、小柴胡汤、半夏泻心汤、吴茱萸汤等证，以及栝楼薤白半夏汤、枳实薤白桂枝汤、人参汤三证合并解释，而冠以“呕吐十二”、“胸痹心痛短气四”等分类标题；终以“妇人之病，因虚积冷结气，为诸经水断绝”条，作为妇人杂病的“诸病总结”。其编次别有新意，亦自成体系。对于方证的阐释颇为详尽。尤崇仲景建中法，认为内伤诸证一百二十八方，若详观奥旨，默察微言，则无不以培土建中、抑阴扶阳为主；姜附甘苓，几于无方无之，不过配合之不同耳。而对后世滋阴补水、滋阴凉血等治法方药则颇有偏见，甚至认为“流毒千古”而“可尽废也”。

〔现存版本与馆藏地点〕

民国间铅印本　590

223　《金匮玉函方集解》

〔作者〕不著撰人

〔成书年代〕约清末

〔内容介绍〕

本书卷端作“金匮玉函方集解”，书口及扉页则作《金匮方》，为作者所编丛书《方药集义阐微》的组成部分。《方药集义阐微》又名《方药精义集解》，共六卷。作者认为：“人之气体各殊，病之变化无定，而治病之法有定。六经者，一定之法也。知一定之法，随其病之千变万化而应用不爽，病无遁情矣。”为了阐明“六经”这一治病“一定之法”，作者采用“二层楼”的书写方式，即全书每页分作上下栏，上栏释药，下栏释方。释药引《神农本草》及缪仲醇《本草经疏》之文，释方引仲景《伤寒论》、《金匮要略方论》。《金匮玉函方集解》居该书第四至第六卷下栏。书中共收《伤寒论》、《金匮要略方论》方二百一十三首，各列方名、主治病证、方药分量及煎服法，以及历代注家方论，并阐述病因病机、方药规矩、性味归经、分量轻重及加减等，使读者一览而知六经用药之法则与《金匮要略方论》辩证施治之方略。

全书以陈修园所辑时方列于前，将仲景方及后世注家之说置于后，以便临证参照。其所引注家，有赵以德、尤怡、程林、魏荔彤等。对药物性味的解释，首引《神农本草经》之论，后及缪仲醇、张璐之说。

〔现存版本与馆藏地点〕

稿本 139

224　《金匮方讲义》

〔作者〕包一虚（识生、德逮）编撰

〔成书年代〕1930 年

〔内容介绍〕

本书原名《杂病方讲义》，1930 年辑入《包氏医宗》。书分两章。第一章“总论”，自“痉湿暍病方”至“妇人杂病方”共二十一节，每节先列方名及其组成（无剂量），后述有关病证的病因病机、各方的功效主治及其间的关系，共列方二百零七首；第二章“方义”，不分节，逐条详论各方的配伍关系、加减变化及煎服法。其论述能融会贯通《金匮要略》诸方，对临床诊治参考有一定裨益。

〔现存版本与馆藏地点〕

1936 年包氏医宗出版社铅印本　1　186　277　279　361　391　412A　412B　433A　475A　491　517　529B　541　590　664　677A　712　721　738A　738B　799A　800　839A　896A　907B　907C　197A　922　926A　940

225　**《金匮要略方义》**

〔作者〕段富津等编著

〔初版〕1984 年黑龙江科学技术出版社铅印本

〔内容介绍〕

本书以原著明代赵开美刻本为蓝本，按照原著顺序，对《金匮要略方论》中 175 首方剂（除外附方、食疗方、禽兽虫鱼禁忌、果食菜蔬禁忌方）逐方诠解释义。在引用历代注述的基础上，系统地分析各方的组方原理、意义、功能主治及其适应证等，并通过部分医案选录、临床报道以及实验研究，进一步说明在现代临床中的实用价值。每首方剂分为组成、用法、原方主治、历代论述、方义分析、临证应用、现用剂量等项编写。全书旨在揭示《金匮要略方论》方剂在现代临床中的实用价值与指导意义，以古为今用。

226　**《金匮要略汤证论治》**

〔作者〕李文瑞主编

〔初版〕1993 年中国科学技术出版社铅印本

〔内容介绍〕

本书作者从临证实践出发，以病因病机与方药相为通融与印证，对《金匮要略方论》中的方剂进行系统分析。作者参考古今方书 80 余部，并 1949 年以来发表的有关《金匮要略方论》方剂研究之文献，将《金匮要略方论》200 余方按原著篇目顺序，以方名为目逐一论述。每则方剂论述体例为：原文、组方、临证参考用量、功效、主治（主症、副症）、方论、转机、注意事项、禁忌、腹症、类方鉴别、应用范围、临症加减法、衍方、文献参考、治疗案例。

227　**《金匮方论与临床》**

〔作者〕曲鸿忠主编

〔初版〕1993 年中国中医药出版社铅印本

〔内容介绍〕

本书从《金匮要略方论》中精选出 80 首临床常用方剂，从功效主治、方剂配伍、临床应用等方面，作了全面深入的剖析。尤其在临床应用方面，作者广泛收集古今有关文献加以整理研究，条分缕析这些古方在现代临床上的应用。所收方剂按主要功效归类编排，每首方剂则按来源、药物组成、用法、功效、主治、方义、选注、临床应用、实验研究，医案举例等项目编写，有关附方附于主方之后。

228　**《金匮方临证便览》**

〔作者〕胡杰一主编

〔初版〕1996 年人民卫生出版社铅印

〔内容介绍〕

本书为初学者与临床人员学习运用《金匮要略方论》方剂的简明读物。全书将《金匮要略方论》中每首方剂分为组成、用法、功用、主治、方解、方歌等项编写，其中组方剂量按原方配伍原则，参照现代用药情况，拟定常用剂量，以做临床处方之参考。原方主治，除个别难懂之处释为现代汉语外，余均未动，以尽力存其原貌。方解除部分摘取于《金匮要略新解》外，还适当增引历代医家之注，以加深对仲景学说的理解。全书浅显易懂，便于诵记。

229 **《金匮要略方证论治》**

〔作者〕李文瑞、李秋贵主编

〔初版〕2000 年北京中国科学技术出版社出版

〔内容介绍〕

作者认为《金匮要略方论》诸方之汗、吐、下、和、温、清、消、补八法兼备，在剂型上有汤、丸、散、药酒等内服之剂，又有坐药、薰剂、洗剂等外治法，可谓丰富多彩，各尽其功，另外还有急救、禁食等杂疗方。但自古以来对《金匮要略方论》注释甚多，专门论方者尚少。为此，作者通过书中之条文，将病因病机与方药相为融通，互为印证，并结合现代有关文献，以及作者临证实践，逐一论述，以供临证之需要。

全书分原文节录、方组、临证参考用量、功效、主治、方论、转机、注意事项、禁忌、腹证、类方鉴别、应用范围、临证加减法、衍方、文献参考、治验等项来论述每则方剂，并力求突出临证，理论应用于实践。全书内容全面，融通古今，详而不繁，对开阔读者思路，了解古今中外医家对《金匮要略》诸方之正确应用，掌握各方之精髓，释疑解惑，藉以提高中医理论，指导临证实际，具有很好的指导意义。

230　《张仲景医方精要·金匮篇》

〔作者〕袁军主编

〔初版〕2004 年河北科学技术出版社铅印本

〔内容介绍〕

本书选择张仲景在《金匮要略》一书中载述的有效方剂，并结合建国后众多医家应用张仲景医方治病的经验，进行全面系统的搜集整理，基本囊括近 50 年来《金匮要略》方临证应用和科学研究成果。本书编述特点：一方多病，辩证加减；文献辑录，条分缕析；内容丰富，系统全面。此书有利于临床医生掌握多种方法，提高诊疗水平，有利于教学老师丰富临床经验，提高授课效果，有利于科研人员通晓研究进展，捷登科学高峰。

231　《金匮要略浅注方论合编》

〔作者〕清·严岳莲辑

〔成书年代〕1908 年

〔常见版本与馆藏地点〕

1. 清宣统元年己酉（1909）渭南严氏刻医学初阶本　491　541　746A

2. 1923 年据清宣统元年严氏刻本校补本　139　361　412B　852　891

232　《金匮论方合解》　七卷

〔作者〕（清）许宗正撰著

〔成书年代〕1911 年

〔现存版本与馆藏地点〕

1913 年潼郡著者自刻本　529B　851　871　917A

233 **《金匮方解》**

〔作者〕清·苏国梁撰

〔成书年代〕约清末

〔现存版本与馆藏地点〕

蜀东著者自刻本 852

234 **《金匮玉函要略方解》**

〔作者〕不著撰人

〔成书年代〕1930 年

〔现存版本与馆藏地点〕

日本抄本 3

235 **《金匮方解》 六卷**

〔作者〕张静涛编。

〔成书年代〕1932 年

〔现存版本与馆藏地点〕

四川璧山文学石印社刊本 851

236 **《金匮要略新释》(附古方铢两讨论)**

〔作者〕卢景明著

〔初版〕1992 年辽宁科学技术出版社出版

（三）医案

237《金匮验案》

〔作者〕赵恕风撰

〔成书年代〕1935 年

〔内容介绍〕

又名《金匮方验案》，系《中国医药学》丛书之一。本书记载作者应用栝蒌桂枝汤、麻黄加术汤、风引汤等三十四首《金匮要略》方的验案与心得体会，间有独到见解。如认为麻黄加术汤治肿证、疝气亦有效力；风引汤最能降脑中之邪热，使脑筋清晰，治脑充血之力较之用赭石、牛膝辈功效更大等。每方附录《金匮要略》原文。

〔现存版本与馆藏地点〕

1935 年山东沂水中国医药研究社铅印本　139　590

238　《金匮方百家医案评议》

〔作者〕何任等编著

〔初版〕1991 年浙江科学技术出版社铅印本

〔内容介绍〕

本书是一部系统研究《金匮要略方论》方医案的专著。作者博采众案，但取舍严谨，精选古今 173 家医家运用《金匮要略方论》方治病的验案 458 则，并以现代医案为主，包括作者历年的治验，以使本书更具当今临床指导作用。全书按原著明代赵开美刻本篇次为序排列所选医案，每方医案之前先列出原方组成、用法和原书主治，以使读者对《金匮要略方论》方原貌有一全面了解。为便于运用，在原方剂量后注出现代常用剂量，并在原方下注出现代用法。每方医案不超过5则，所提评议为全书重点，评其证，议其方，论其异病同治机理与遣方用药得失，并指出古方今用之规律，指出作者的见解。全书内容丰富，评议精切，言简意赅，明白晓畅，对读者研习《金匮要略方论》方和临床应用具有较大的实用价值。书后附有173家医家名录，引用文献106种目录及方名索引，便于读者查询。

239 《金匮名医验案精选》

〔作者〕陈明编著

〔初版〕2000年学苑出版社铅印本

〔内容介绍〕

本书以方为纲，以案为目，每方分方药、用法、原文、解说、运用、补述六个部分。全书对方药记载颇为完整，注重理论与临床实践紧密结合，以方便应用。

七、教材

教材类著作的出现始于民国初期。初为师徒授受所用，多称“讲义”，如严鸿志于1924年编撰的《退思庐金匮讲义》，为门人弟子研习医经教科书之一种。中医专门学校编印的教材，亦称“讲义”，著名者如马汤楹、何公旦于1935年编撰的《金匮学讲义》，为浙江中医专科学校讲义第八种；时逸人于1936年编撰的《金匮讲义》系上海中医专科学校教材。五、六十年代各地中医高校创办后编印的教材，有称“讲义”者，也有“教程”、“选读”等称谓者，并有“统编”（规划内教材）与“协编”（自行组织）之别。同时，亦有针对不同学习对象而编写的情况。

《金匮要略方论》教材类著作大多提纲挈领、简明扼要，它们是中医高校学生学习的必备之书，也是自学者登门入室之适用著作。在选阅时，要注意其应用对象的不同。

240　《金匮讲义》　二卷

〔作者〕程门雪（振辉、九如、壶公）编，黄文东（蔚春）增订

〔成书年代〕不详

〔内容介绍〕

本书为上海中医专门学校讲义。全书三十一篇，前三篇论治法、闻声、辨息，其余诸篇均为释病。篇首列《金匮要略方论》原文，后解病名，分析病因病机、治则治法及处方用药。释义多宗《内经》之旨，以为《金匮》有不全之处，当求之于《内经》。如谓石水与《灵枢·水胀篇》所说“石瘕”颇有互相发明

之妙，且隐射石水之证治，而“血分”一条，亦“石水”、“石瘕”对举之文字。又认为《金匮要略》乃实验之书，症稀论少者当采集后贤之法，以补其不及。如论淋病，补充石淋、气淋、血淋、膏淋、劳淋、冷淋等内容。中风病则援引“历代论治之变迁”、“各种名称之规定”，以资学者参考。书中不乏著者卓见及临床经验。如曰“泽漆汤一法，人参补虚，与痰饮门之木防己汤极相似”；肾著有轻重之分，“轻者仅在腰部，重者下腰入腹，病情扩大不易收拾，而用肾著汤则力有未逮，不如独活寄生汤为妙”；虚劳证治，当辨其主证与副证，“填精一法为虚劳不可少。填精之治宜于味，以龟鹿为最佳”。

〔现存版本与馆藏地点〕

抄本、油印本　590

241　**《金匮补充讲义》**

〔作者〕谢诵穆编

〔成书年代〕不详

〔内容介绍〕

书共二章。第一章论述《金匮要略方论》作者学术思想，并有“有张仲景事状考”、“张仲景姓名事迹考”等内容；第二章为《金匮要略》题解。

〔现存版本与馆藏地点〕

石印残本　921

242　**《退思庐金匮广义》　四卷**

〔作者〕严鸿志撰

〔成书年代〕1924 年

〔内容介绍〕

本书系作者为门人弟子研习医经所编之教科书，因其书斋之名，题为《退思庐金匮广义》。全书卷首摘要介绍陈修园论《金匮要略方论》之读法，其余3卷依《医宗金鉴》本为序，论注原著前22篇。卷一自“脏腑经络先后病脉证篇”至“血痹虚劳病脉证并治篇”；卷二自“肺痿肺痈咳嗽上气病脉证并治篇”至“惊悸吐衄下血胸满瘀血病脉证并治篇”，卷三自“痰饮咳嗽病脉证并治篇”至“黄疸病脉证并治篇”，卷四自“呕吐哕下利病脉证并治篇”至“妇人杂病脉证并治篇”。编次多依《医宗金鉴》本，然亦有所订正。凡不可解者删之，附方亦未录。数病合成一篇而又不可分者，别标某病，以清眉目。注文采录诸家之见，有未尽之义，则引近人及西医之说作为补充，或抒己见，以广其意。全书释文详简不一，文字浅显易读。对原文的诠释皆先经文，次注释，再药方。为存原貌，删去后人之附方。所注之文理明意达，不仅融汇诸家之谈，且更多发挥。近代周小农评价此书“汇百家之精髓，冶中外于一炉，矫正诸家之弊，作有统系之学”，故“医校以之为讲义，洵称善本”。

〔常见版本与馆藏地点〕

1. 1924年宁波钧和印刷公司铅印本 139 361 590 728 738B

2. 1941年退思庐铅印本 361

243 **《杂病论讲义》**

〔作者〕包一虚（识生、德逮）编注

〔成书年代〕1930年

〔内容介绍〕

包氏以其《杂病论章节》的篇、章、节为基础，进一步加以阐述编为本书。本书首先解释每篇所述病证，并概述全篇大意。若数病合为一篇，则在每章目下解释其病证，后对各节条文进行详述。论述详于脉证理论而略于方药，不同于《杂病方讲义》之专论。其释文上溯《内经》、《难经》，旁及西方医学。如解释“侯氏黑散”条谓：“按中风证，西医解之为脑血管破裂，名虽不同，而理实同也。”汇中西医理研究《金匮》，为以前注家中少见。

〔现存版本与馆藏地点〕

1936 年包氏医宗出版社铅印本　1　186　277　279　308A　361　391　412A　412B　433A　475A　491　517　529B　541　590　664　627A　712　721　738A　799A　800　839A　896A　907B　907C　917A　922　926A　940

244　**《金匮辑要》**

〔作者〕顾允若（思湛）编撰

〔成书年代〕1934 年

〔内容介绍〕

本书为《顾氏医经读本》之一。全书共十六章，节录《金匮要略》首篇至肠痈病篇内容，其中水气病与黄疸病合篇。篇后附录后世医家有关论治。如“痉湿暍病脉证”篇后，有张山雷《中风斠诠》录要、风癞、鹤膝风、破伤风、痹证、痿证、厥证、脚气及“附治中风八法”等内容；“血痹虚劳病脉证并治”篇后，附虚劳、劳瘵、汗出、脱证、瘰疬证治。附录内容较之原文解释有过之而无不及。书末另附“叶天士内科方案四言歌括”计一百十首，以示《金匮要略》理法方药运用之妙。顾氏云：“医教而于学，课本尤当精细采择。”另：原《金匮要略》妇人妊娠、产后、杂病篇原文，辑入《顾氏医径主读本卷四·妇科辑要》，名《金匮妇科辑要》。

〔常见版本与馆藏地点〕

1. 1934 年顾氏铅印本　186　541

2. 1934 年苏州文新印书馆铅印本　664　709　907C　922

245　**《金匮学讲义》**

〔作者〕马汤楹、何公旦等编撰

〔成书年代〕1935 年

〔内容介绍〕

本书为《浙江中医专科学校讲义八种》之一。全书以《金匮辑义》为底本，分类编辑《金匮要略》原文，采撷各家之注，并参以己见。其中以“妇人妊娠、产后、杂病”篇后之“附说”最为系统。

〔现存版本与馆藏地点〕

1938 年浙江中医专科学校铅印本　590

246　**《金匮要略讲义》　九卷**

〔作者〕陈绍勋述，周德馨录

〔成书年代〕1936 年

〔内容介绍〕

陈氏以吴考槃《金匮要略五十家注》内容为据，在授课时去其芜蔓，取其菁华，然后整理成书。其间深文奥义无可通者则疑而阙之，系传刻之误者则拟而正之，后人所续入者则汰而删之。全书自“脏腑经络先后病”至“妇人杂病”共二十二篇。目录所载篇目下均列该篇之汤方。每篇经文后有总释，复援引各家之言，并提出经文要语加以详释。

〔现存版本与馆藏地点〕

1936 年成都彬明印刷社石印本　270　412A　541　839A　852　907C

247　**《金匮讲义》**

〔作者〕时逸人编著

〔成书年代〕1936 年

〔内容介绍〕

本书系上海中医专科学校《金匮要略》教材，又称《杂病讲义》。全书将《金匮要略》原著重为编次，以“中风病脉证并治”列于全书之首，每证择其重要条文，参考《内经》以降诸家学说，先考病因，再论证治，间述时氏见解，以阐《金匮要略》未发之意。

〔现存版本与馆藏地点〕

上海中医专科学校刻印本　381　746A

248　**《金匮要略讲义》**

〔作者〕陆无病、何公旦、马汤楹等编

〔成书年代〕1938 年

〔内容介绍〕

本书又名《金匮要略杂证讲义》，系《浙江中医专校讲义》三十三种之一。编写体例和内容与该校之《金匮学讲义》基本相同，略有出入。

〔现存版本与馆藏地点〕

1938 年浙江中医专科学校铅印本　590

249　**《金匮讲义》**

〔作者〕山西省中医学校编

〔初版〕1959 年山西人民出版社铅印本

〔内容介绍〕

本书取《金匮要略方论》“脏腑经络先后病脉证”至“妇人杂病脉证并治”共二十二篇，对原文分注释、释文、方解、本节大意等项，多以历代各家注解进行阐述。每篇篇首冠以大意说明，篇后结语对全篇内容加以归纳综述，并指出其精神实质。是书系山西省中医学校教材，文字简略明了。

250 **《金匮要略通俗讲义》**

〔作者〕安徽中医学院编撰

〔初版〕1959 年安徽人民出版社铅印本

〔内容介绍〕

全书二十二篇，取《金匮要略》“脏腑经络先后病脉证”至“妇人杂病脉证并治”诸篇原文。书首概述《金匮要略》沿革、基本特点与注意事项等。各篇篇前有内容提要。每条原文分词解、语译、选注、按语、方剂、方解等项加以浅释，并在按语中着重指出该条之病因病机与前后条文之联系，以及相似病证的鉴别等，力求将原文的意义及其实质作通俗易懂的阐明，且以忠于原著，不妄加论断为原则。篇末综合概括全篇内容，指出重点与学习注意点，并附复习思考题若干。

251 **《金匮要略讲义》**

〔作者〕河南中医学院编撰

〔初版〕1959 年河南人民出版社铅印本

〔内容介绍〕

本书对《金匮要略方论》二十五篇进行全面阐述。取林亿诠次通行本，对每篇条文重新编次，标明新旧序号。各篇之首，冠以概说，或作提示，或述数病合篇之原由；每条原文，分词解、语译、按语、方解等项阐述，并在按语中指出该条病机、辨证要点、前后条文的联系、方证的鉴别比较等。篇末结语综述全篇内容及其精神实质，另附若干复习思考题。

252 **《金匮教学参考资料》**

〔作者〕南京中医学院金匮教研组编著

〔初版〕1961 年上海科学技术出版社铅印本

〔内容介绍〕

本书取《金匮要略》“脏腑经络先后病”至“妇人杂病”共二十二篇，各篇按病证的因、证、脉、治等，将原文重新编次，并逐条进行诠释。篇首简介内容大意，或数病合篇之理。原文之下，除作词解、大意提示外，侧重证候的病机分析、综合、对比，以指出重点。遇有不同见解处，则述以己见，并选取历代注家不同意见以资“参考”。篇中按病证分段归纳成因、证治、预后及治疗注意点等。篇末结语，概括综述其精神实质及辨证施治要点。

253 **《金匮要略学习参考资料》**

〔作者〕南京中医学院金匮教研组编

〔初版〕1965 年人民卫生出版社铅印本

〔内容介绍〕

本书是作者 1961 年所撰《金匮教学参考资料》姊妹作，旨在为中医院校学生学习《金匮要略方论》提供比较全面的参考。全书首列“概论”一篇，对原著各篇内容作系统简介，使读者在研读原文之前，先有比较系统的概念。之后仍按原著篇次为序，每篇之首冠以概论，简介内容，篇末加结语，归纳全篇内容。每条原文之后，分为摘要、注释、原文分析、参考资料、按语等项论述。其中的“原文分析”为本书的主要内容，重点探讨病机、证候与方药。在“参考资料”项中，尽量反映各种不同见解，以广开思路，加深理解。篇后附有学习要点和参考意见。

254 **《金匮要略讲义》**

〔作者〕湖北中医学院主编

〔初版〕1964 年上海科学技术出版社铅印本

〔内容介绍〕

本书为我国中医院校第二版试用教材。全书编写体例为：概说、原文、校勘、词解、释义、结语。全书简明畅达，提纲挈领，旨在系统、扼要阐发《金匮要略方论》。

255 **《金匮要略释义》**

〔作者〕湖北中医学院主编

〔初版〕1973 年上海人民出版社铅印本

〔内容介绍〕

本书为中医临床参考丛书之一，其前身是 1964 年上海科学技术出版社出版的全国中医学院试用教材（二版）《金匮要略讲义》，重版时仅就书中政治和技术上有明显错误之处作了一些修改。

256 **《金匮要略释义》**

〔作者〕尚坦之、毛翼楷主编

〔成书年代〕1980 年甘肃人民出版社铅印本

〔内容介绍〕

本书系《西医学习中医试用教材》。全书二十二篇，据 1963 年湖北中医学院主编的中医学院试用教材《金匮要略讲义》“脏腑经络先后病脉证”至“妇人杂病脉证并治”原文三百四十六条改编。各篇顺序，按疾病性质比较相近或有联系者重新编排。篇内条文，依一般理论、病因病机、诊断、辨证论治及预后等重新编次。各篇之前，有内容简介。每条原文，先对难解字、词加以注释，后取注家中见解较为一致的论述作为“释义”，或结合甘肃省老中医及作者临床经验体会加按语于后，指出原文对临床的指导意义及处方的现代应用。

257 《金匮要略选读》

〔作者〕成都中医学院主编

〔初版〕1980年上海科学技术出版社铅印本

〔内容介绍〕

本书是由国家卫生部组织有关中医高校集体编写，供全国医药高校中医专业试用的教材。全书采用宋代林亿等诠次、明代赵开美校刻的《金匮要略方论》为蓝本进行选编，分“正文”与“附录”两部分。对临床有较大指导意义和实用价值的条文与附方，选入“正文”，其他则列为“附录”，附于各篇之后。

各篇名称和顺序，仍按原书不变。各篇之首均加“简介”，之末均有“结语”。为了便于学习和掌握各篇所述病证的辨证施治规律，本书对原文的顺序进行个别的调整。选入“正文”的原文，每条均有释义，此外根据需要加用校勘、词解、按语、选注、医案举例项目。书后附有方剂索引。

258 《金匮要略自学指导》

〔作者〕浙江中医学院编

〔初版〕1981年浙江中医学院铅版本

〔内容介绍〕

本书主要为中医专业函授生自学《金匮要略方论》而编写，内容包括《金匮要略方论》简介、《金匮要略方论》前二十二篇的自学时间（分为阅读课文和练习作业的时间）、目的要求（包括了解、熟悉、掌握三方面）、课文阐述（讨论病因、病机、症状、方药，并附有归纳表）以及附于篇末的1至3个复习题。本书也可作为一般学生学习《金匮要略方论》的参考用书。

259《金匮要略选读》

〔作者〕浙江中医学院编

〔初版〕1981 年浙江中医学院铅印本

〔内容介绍〕

本书为该院中医专业函授教学试用教材。作者根据中医函授教育大纲要求及在职中医人员的临床实际需要，选辑《金匮要略方论》主要篇章与主要内容，以供学习。

260 《金匮要略讲义》

〔作者〕殷品之、张镜人等讲授，上海市中医文献馆编撰

〔初版〕1982 年上海中医文献馆铅印本

〔内容介绍〕

本书系根据原上海中医学院教授殷品之等老师在上海市第一届中医研究生班讲授《金匮要略方论》的记录稿整理而成。全书对《金匮要略方论》前 22 篇的原文逐条作了词解和分析，并联系后世的阐发和现代的资料进行讨论。全书突出原著理法方药上的系统性和严密性，以充分体现仲景学说在杂病证治上的整体特色和辩证论治精神。书中还对原著缺漏作了适当的补正。本书内容上大体综合了前人对《金匮要略方论》的认识，也贯穿了殷品之、张镜人等治学的心得和方法。书前冠有《金匮要略简介》和“怎样学习《金匮要略》”，对初学者颇有帮助。

261 《金匮要略讲义》

〔作者〕南京中医学院、安徽中医学院金匮教研室合编

〔初版〕1983 年安徽中医学院教务处铅印本

〔内容介绍〕

本书除对有关疑难条文展开重点探索外，还对涉及方证的条文增补“类方证治”、“现代应用”等内容。每篇正文除前有小序、后有小结外，具体条文则设有校勘、词解、提要、释义、按语、选注、类方证治、现代应用、医案选录等项目。选注一项，力求选用具有代表性或独特性的见解，并尽可能选用不同的甚至相反的各家意见。

262 **《金匮要略讲义》**

〔作者〕李克光主编

〔初版〕1985 年上海科学技术出版社铅印本

〔内容介绍〕

本书为供我国高等医药院校中医专业使用的统编教材。作者采用宋代林亿等诠次、明代赵开美校刻的《金匮要略方论》为蓝本进行编写，各篇名称和顺序仍按原书不变，各篇之首均加简介，之末均有按语。每条均有释义，并根据需要加用校勘、词解、按语、选注、医案举例项目。书末列选注书目简称表，并附“方剂索引”。

263 **《中医自学丛书·金匮》**

〔作者〕王云凯编著

〔初版〕1985 年河北科学技术出版社铅印本

〔内容介绍〕

本书分二十五个篇章，对《金匮要略》原文逐条阐述。条文之后，设有词解、语译、述要、验案等项。篇末有小结和复习思考题，便于读者熟悉经文，掌握医理，指导临床。

264　《中医自学丛书》第七分册（金匮）

〔作者〕杨医亚主编

〔初版〕1985 年湖北科学技术出版社铅印本

〔内容介绍〕

本书系《中医自学丛书》的一个分册，旨在帮助自学中医者入门。全书原文分条系参照中医院校试用教材《金匮要略讲义》（湖北中医学院主编，上海科技人民出版社 1963 年出版）而分，但对相类条文作了适当归并。每篇开始，对全篇作一梗概介绍，然后逐条进行阐发。每条设有词解、语译、述要、验案等项，篇末有小结和复习思考题。验案一项，除部分案例为编者治验外，主要是摘自医籍和杂志。对原著后 3 篇，未作分析和讨论。

265　《中医学解难》（金匮分册）

〔作者〕天津中医学院编

〔初版〕1985 年天津科学技术出版社铅印本

〔内容介绍〕

本书为《中医学解难》丛书的一个分册，旨在帮助初学者掌握要领，故作者以“解难”形式，深入浅出、通俗晓畅地讲解中医药学。全书以《金匮要略方论》前 22 篇为主，设计 145 个题目，通过论述、释义、对比等方式，着重讨论仲景有关辩证施治的内容。书前“绪论”论述《金匮要略方论》的学术渊源、成书沿革、主要内容及与《伤寒论》的异同与关系。

266　《金匮要略百题解》

〔作者〕乔模、王笈编著

〔初版〕1985年山西人民出版社铅印本

〔内容介绍〕

本书系作者在多年来为中医晋升辅导班、中医经典著作提高班教学基础上，根据学员遇到的问题，并适当参考有关中医晋升试题所编成。

全书将《金匮要略方论》的主要内容归纳成100个问题，通过问答的形式予以解答，使读者可以较全面系统地掌握书中40多种疾病的因、机、证、治以及205首方剂的比较鉴别。此外，还将《金匮要略方论》书中难以理解的词语详加解释，附于书后，同时用图表对书中论及的每个疾病给予简练的总结归纳。

267 **《中医学多选题题库·金匮要略分册》**

〔作者〕周夕林主编

〔初版〕1986年山西教育科学出版社铅印本

〔内容介绍〕

本书以全国中医学院通用教材为蓝本，根据中医学院教学大纲要求，分别拟定各型选择题试题，并作出答案，必要时参以提示，使之尽量全面、精炼、准确和富于启发性。全书收入1264道题，其中A型（最佳选择题）509道、B型（配伍题）277道、C型（比较多选题）252道与B型（复合是非题）226道。此书可作为中医院校学生、中医函授与中医自学人员及临床中医师学习、考试和晋升的辅导资料。

268 **《金匮要略讲义》**

〔作者〕何任主编

〔初版〕1986年河南科学技术出版社铅印本

〔内容介绍〕

本书系由卫生部组织编写、供全国高等中医院校函授教学使用的教材。作者根据教学大纲要求，以明代赵开美校刊的《金匮要略方论》为蓝本进行选编。全书分为“正文”与“附录”。对临床有较大指导意义和实用价值的条文与方剂选入“正文”，其余则作为“附录”附后。每条正文之下，一般列校勘、注解、分析、按语、选注、案例项目。每篇原文之后设有“自学指导”与“复习思考题”两项。书首有“导言”，书末附方剂索引。

269 **《金匮要略自学辅导》**

〔作者〕史定义、王建平主编

〔初版〕1988 年中医古籍出版社铅印本

〔内容介绍〕

作者根据全国高等中医院校第五版教材《金匮要略讲义》，以授课讲稿之笔法，兼收历代注家之精义编写本书。全书阐释《金匮要略》二十五篇原著，每篇首述全篇内容概要，然后逐条阐释原文，按词解、重点、讲解、方义、讨论等项论述。篇末设小结和复习思考题。其重点为阐述内科杂病十七篇计四十余种病证的辨证与治疗。

270 **《金匮要略》（高等中医院校教学参考丛书）**

〔作者〕李克光主编

〔初版〕1989 年人民卫生出版社铅印本

〔内容介绍〕

本书在《金匮要略讲义》（高等医药院校五版教材）基础上，采用明代赵开美校刻的《金匮要略方论》为蓝本编写，旨在在历届出版的《金匮要略教学参考资料》质量上有较大提高。全书编写体例为原文、校勘、注释、提要、解析、选注、方论、按语、类方证治、医案选录、现代研究、结语与复习思考题。其中“解析”作为重点阐述，分析与讨论紧扣原文，并汇集古今医家研究成果，有的还采用图示或表格表述。书末设参考书目一览表及方剂索引。

271 《实用金匮教学参考资料》

〔作者〕张谷才编著

〔初版〕1990 年南京中医学院铅印本

〔内容介绍〕

本书分两部分。第一部分以《金匮玉函要略辑义》为蓝本，对原著前 22 篇进行详尽阐释。每篇之首加以概说，说明本篇的内容。每篇之后加以小结，归纳本病的脉象证治方药。对于每条原文分为词解、提要、分析、讲解等，一般的以提纲形式简明分析内容实质，重点的附以图表说明。原文分析后，着重临床应用方面的讲解，说明有关药物的实用价值。有些重点条文运用讨论的方式，提出问题予以解答，进一步说明其病理变化、症状特点、处方规律、用药注意等。第二部分附录十篇作者根据多年教学经验体会结合临床实践而撰写的论文。

272 《金匮要略讲义》

〔作者〕苏保刚主编

〔初版〕1995 年学苑出版社铅印本

〔内容介绍〕

本书系高等中医院校协编教材。作者在吸纳各版《金匮要略方论》教材精华的基础上，力求突出仲景的学术特色及《金匮要略方论》在治疗奇症、难症、疑症与急症上的特别方法，同时在编写中补充新的见解与内容。全书以明代赵开美校刻的《金匮要略方论》为蓝本，每篇名称和顺序不变。各篇之首有概说，篇末有结语和思考题。每条原文后有释义和按语，并根据需要加用校勘、词解、选注、近代研究、病案举例。书末列学习参考书目并附方剂索引。

273 **《金匮要略讲义》**

〔作者〕俞景茂等编

〔初版〕1996 年湖南科学技术出版社铅印本

〔内容介绍〕

本书系全国高等中医院校函授教材。全书二十二篇，原文取自宋代林亿等诠次、明代赵开美校刊的《金匮要略方论》。各篇首列学习目的与要求、教学程序等。原文分正文与附录两部分。正文为对临床有指导意义和实用价值的条文与方剂，分校勘、注解、分析、按语等项阐述，并附临床验案；附录附于正文之后，不作诠释。篇后指出全篇要点，并以图表小结。

274 **《金匮要略选读》**

〔作者〕孟如主编

〔初版〕1997 年上海科学技术出版社铅印本

〔内容介绍〕

本书分二十一篇。首列绪言，简述《金匮要略方论》的性质与沿革、内容及编写体例、主要学术成就及学习方法等内容；后二十篇选择《金匮要略方论》中有较大理论指导意义和临床实用价值的篇章与条文阐述。书中各篇的名称和顺序，按原书不变。每篇之首先释篇名并简介全篇内容，篇末为结语，总结全篇内容。篇内按理法方药与脉因证治等内容加写小标题，并对条文顺序作适当调整。每条原文之下列释义，并根据需要加词解、按语、临床应用等项。书末附参考书目简称及方剂索引。

275 《金匮要略教程》

〔作者〕乔模编

〔初版〕2001 年科学出版社铅印本

〔内容介绍〕

本书各篇均以病为纲，以病因、病机、证治、预后为目，分别以原文、注释、释义、医案举例、现代研究等项顺序编写。各篇篇首和篇尾还论述了目的要求、重点内容和复习思考题等内容。

276 《金匮要略》自学辅导

〔作者〕范永升编

〔初版〕2002 年湖南科学技术出版社铅印本

〔内容介绍〕

本书分为三大部分。第一部分对《金匮要略》的学习要求、自学方法、应考指导作了具体的论述，第二部分对《金匮要略》各篇的内容概要、重点、难点、疑点作了具体的归纳、剖析，第三部分附三套试题，以提高应试者的熟练程度。此书有利于学习者提纲挈领，抓住重点，提高学习效果和应试能力。

277 （全国高等中医药院校成人教育教材）《金匮要略》

〔作者〕范永升编

〔初版〕2002 年湖南科学技术出版社铅印本

〔内容介绍〕

本书采用元代仿宋刻本《新编金匮方论》为蓝本，选取《金匮要略》前二十二篇中对临床有指导意义和实用价值的条文、方剂列入“正文”，其余则作为“附录”附后。各篇之首有该篇的目的要求、自学时数以及概述。列入“正文”的原文后有释义，并根据需要加校勘、词解、临床应用、文献摘录、医案举例等项目。每篇原文后设有自学指导。全书之首有“绪论”，书末附“方剂索引”。

278 《金匮要略》同步练习册

〔作者〕范永升主编

〔初版〕2002 年湖南科学技术出版社铅印本

〔内容介绍〕

作者在总结长期教学经验的基础上，根据《金匮要略》教学大纲要求，为有助于读者对原著的理解、巩固、记忆与应用，尤其有利于自学者及时了解自己的学习状态与结果而编撰本书。全书紧扣考试大纲，与教材内容及顺序一致。同步练习分为单项练习、综合练习、创造性练习、综合自测练习。

279 （21 世纪课程教材）《金匮要略讲义》

〔作者〕黄仰模编

〔初版〕2003 年人民卫生出版社铅印本

〔内容介绍〕

本书各篇的名称和顺序，仍按原著不变。各篇篇名和原文用繁体字排印，各篇篇首均有概说，篇末有小结，数病合篇者按病种进行论述。条文按病因、病机、辩证、治法、证治或辨证论治、治疗禁忌、预后等归类，每一小类原文大体设原文、校释、原文分析、按语、临床应用、文献摘录项目编排，条文序号用阿拉伯数字标于条文后。书末附“参考书目简称”及“方剂索引”。

280　《金匮要略选背》

〔作者〕乔模编

〔初版〕2003 年山西科学技术出版社铅印本

〔内容介绍〕

作者对原著各篇条文的顺序进行归类，采取以病为纲、以证为目的方法，围绕病因、病机、主症、治则、方剂进行详解，并在每篇篇末以列表形式做小结。

281　（全国高等中医药院校本科复习应试及研究生入学考试指导丛书）《金匮要略》

作者：姜德友编

〔初版〕2004 年清华大学出版社铅印本

〔内容介绍〕

全书编写体例分为大纲要求、重点及难点提示、内容精讲、典型例题分析、综合练习、参考答案诸项，并依据新世纪全国高等中医药院校规划教材《金匮要略》的章节为顺序编排论述。

282　《金匮要略习题集》

〔作者〕范永升主编

〔初版〕2004 年中国中医药出版社铅印本

〔内容介绍〕

本习题集覆盖规划教材的全部知识点，内容编排与教材的章、节一致，题量以每学时 27 题左右安排，全书按 90 学时计算，共命题 1517 道。题型有名词解释、填空题、判断题、选择题、问答题和病案分析题，最后附有三套综合练习试卷。此书可供高等学校本科生、成人教育学生、执业医师资格考试人员及其他学习中医药人员应考复习使用。

283 《金匮要略选读习题集》

〔作者〕庞鹤、张胜昔主编

〔初版〕2004 年人民卫生出版社铅印本

〔内容介绍〕

本书以全国中医高校《金匮要略》标准考试的试卷题型编写，包括单项选择题、多项选择题、填空题、词语注释题、问答题、判断题等，适合于在校本科生、七年制、研究生、夜大生、中医师、中药师资格考试以及各级各类在职从业人员学习、应考之用。

284 《金匮讲义》

〔作者〕不著撰人

〔成书年代〕不详

〔现存版本与馆藏地点〕

稿本 931（残）

285 《金匮讲义》 二卷

〔作者〕李光策编

〔成书年代〕1917 年

〔现存版本与馆藏地点〕

广东光汉中医药专门学校铅印本 186 931 939 940

286 《金匮讲义》

〔作者〕胡镜文编

〔成书年代〕1931 年

〔现存版本与馆藏地点〕
广州国医学校讲义铅印本　139　940

287　**《金匮讲义》**

〔作者〕骆晴晖编
〔成书年代〕1931 年
〔现存版本与馆藏地点〕
民国湖北省医会夜校讲义铅印本　139

288　**《金匮要略讲义》**

〔作者〕杨宝年编
〔成书年代〕1945 年
〔现存版本与馆藏地点〕
民国南京中医内科讲习所石印本　851　852

289　**《金匮要略讲义》**

〔作者〕天津高级职业函授学校编
〔成书年代〕1949 年
〔现存版本与馆藏地点〕
天津高级职业函授学校铅印本　3

290　**《中医问答题库·金匮要略分册》、《中医多选题库·金匮要略》**

作者：张家礼主编
〔初版〕2001 年山西科学技术出版社铅印本

八、歌 括

为了普及推广仲景《金匮》学说，清末以来的医家编撰了许多歌括、歌诀类著作。这些著作，以诗歌形式表述《金匮要略方论》的理、法、方、药等知识，或以证带方，或以方引证，或方药相辅，语言通俗流畅，读之朗朗上口，有助于对原著内容的阅读记诵。

291　**《金匮方歌括》　六卷**

〔作者〕清·陈元犀（灵石）撰

〔成书年代〕1830年

〔内容介绍〕

作者为清末医家陈念祖之子，遵其父之嘱编撰本书。全书以诗歌形式逐一将《金匮要略方论》诸方的方剂主治、药物分量和煮服方法等简明扼要地表达出来，便于记诵，并附有方解，编有方剂索引，以便查阅。卷一载《金匮要略》痉湿暍病方、百合狐惑阴阳毒方；卷二为疟病方、中风历节方、血痹虚劳方；卷三为肺痿肺痈咳嗽上气方、奔豚气病方、胸痹心痛短气方、腹满寒疝宿食方；卷四为五脏风寒积聚方、痰饮咳嗽方、消渴小便不利淋病方、水气诸方；卷五为黄疸病方、惊悸吐衄下血胸满瘀血方、呕吐哕下利方、疮痈肠痈浸淫病方；卷六为趺蹶手指臂肿转筋阴狐疝蚘虫方、妇人妊娠方、妇人产后病方、妇人杂病方。原《金匮要略》附方亦载录。援《长沙方歌括》之例，将《金匮要略》诸方的主治病证、药物剂量及煮服方法等编作诗歌。若为《伤寒论》之重复方，即注明“歌见《长沙方歌括》”而不赘述。每方之后附有方解，其间多采尤在泾、王晋三、魏念庭、喻嘉言、徐灵胎、徐忠可、程云来等医家以及陈修园《金匮要略浅注》之“名言精论”，然亦不乏作者之见。如对桂枝生姜枳实汤，解曰：“桂枝色赤补心壮阳，生姜味辛散寒降逆，佐以枳实之味苦气香。苦主泄，香主散，泄痞散逆之妙品，领姜桂之辛温旋转上下，使阳光普照，阴邪迅扫而无余耳。”

是书因其歌括简明扼要、注解通晓易明而成为后学“传诵之章”，对理解《金匮要略》经义、推广《金匮要略》方的临床应用起有相当作用。学者多视其为《金匮要略浅注》之续篇，并认为可与《长沙方歌括》媲美。

〔常见版本与馆藏地点〕

1. 清道光十六年丙申（1836）南雅堂刻本　139　351　391　421　433A　572　651　677A　746A　922

2. 清光绪三十四年戊申（1908）宝庆经元书局刻本　139　270　381　521　541

3. 1963、1980、1984 上海科学技术出版社铅印本

4. 《陈修园医书》、《南雅堂医书》本

5. 1987 年福建科学技术出版社校注本

292　**《金匮汤头歌》**

〔作者〕（清）戴心田编

〔成书年代〕1873 年

〔内容介绍〕

本书之方歌，较之其它汤头歌诀，有“繁而简之，精益求精，密益加密，别类分门”之特点，对诸方的组成、主治、药物、剂量、煎服法等均简要表述。每方歌括之后，所附方解，皆采集前贤之言，尊《内经》、《难经》之旨，参以《千金方》、《外台秘要》之论，附加按语，阐发方义。全书说理透彻，简洁

明快，对初学者理解运用《金匮要略方论》方有一定的参考作用。

〔现存版本与馆藏地点〕

清光绪四年戊寅（1878）思补堂刻本　139　741

293　**《金匮方歌括》**

〔作者〕清·韩鸿（印秋）整理

〔成书年代〕1897 年

〔内容介绍〕

本书为韩氏个人丛书《韩氏医课》之一种。全书共收《金匮要略方论》第一至第二十二篇方一百九十八首，其中有后世方十六首。每条之下先列原文，后标方名，次列歌诀、煎服法、加减法等，于眉批处注出全方。其方歌注重证治及分量，对学习《金匮要略方论》方剂有很好的示范作用。

〔现存版本与馆藏地点〕

清稿本　139

294　**《金匮方歌诀》**

〔作者〕不著撰人

〔成书年代〕1911 年

〔内容介绍〕

本书与《伤寒论方歌》合抄于一册。未曾刊行。

全书自姜甘苓术汤起至狼牙汤止，计 174 首汤方。每首用七言歌诀组成，没有剂量用法等项，也无著者见解，亦未见医家评述。

〔现存版本与馆藏地点〕

抄本　139

295　**《金匮悬解经方歌诀》　八卷**

〔作者〕清·钟文焕（霁帆）编

〔成书年代〕不详

〔内容介绍〕

作者先对《金匮要略》内容重新归纳整理，卷一、卷二为外感杂病，列风寒积聚、疟病；卷三至卷六为内伤杂病，列血痹虚劳、水气、呕吐哕下利、胸痹心痛短气；卷七为外科，列创痈肠痈浸淫；卷八为妇人妊娠诸病。之后，以歌赋形式对《金匮要略》方证进行简明论述。

〔现存版本与馆藏地点〕

清师德堂刻本　746A

296　**《金匮方歌》**

〔作者〕不著撰人

〔成书年代〕不详

〔内容介绍〕

全书将《金匮要略》"痉湿暍病脉证篇"至"妇人杂病脉证篇"所载方剂二百零二首（包括附方），按其所主脉证、药物组成、功用与加减法等内容编成方歌。其中三十六首注明"歌在伤寒"而不予重复。书末附有"周扬俊先生《温热暑疫全书》方歌"，分冬温、春温、风温、温疟、温毒发斑五门，凡三十一首。每首方歌后录有相关的《金匮要略》原文以及方药组成、剂量、煮服法与加减法。凡小半夏汤、八味肾气丸等一方统治多病者，亦将有关原文罗列其后。方歌为四句或六句，颇便诵记。

〔现存版本与馆藏地点〕

抄本　590　922

297 **《金匮方证歌括》**

〔作者〕罗振湘（瑾仁）编

〔成书年代〕1936 年

〔内容介绍〕

收载《金匮要略》方二百十三首、附方三十四首，杂疗方仅选“四时退热加减柴胡饮”。歌括计九十六首，或一方一歌，或数方一歌。尚有保产无忧散、生化汤歌括二首，并附“五脏死脉歌”、“诸饮病证歌”、“肺胀病状歌”、“瘀血证治歌”、“新产三病歌”等。每方后均注明煎服法，有助于对《金匮要略》诸方的理解和应用。

〔现存版本与馆藏地点〕

1936 年长沙振湘医社铅印本　590

298 **《医诀》　一册**

〔作者〕不著撰人

〔成书年代〕1949 年

〔内容介绍〕

以《金匮要略方论》原文为蓝本，掇取仲景要言，分列痉湿暍病脉证并治、中风历节病脉并治、血痹虚劳病脉并治等二十四条，撰为医诀，便于诵读。

〔现存版本与馆藏地点〕

抄本　541

299 **《金匮约言》**

〔作者〕黎云卿编著

〔初版〕1955 年广东人民出版社铅印本

〔内容介绍〕

本书以简明扼要的语句，将全书精神加以概括论述。每章约言之后，并列汤剂，以便查询。每方并撰方歌，阐明方的作用。方歌删烦就简，注重症状、脉象、方剂的分析，文字只求明白。全书分 22 章，次序按《金匮要略心典》。为求对仗，个别节次有先后倒置现象。

300 **《杂病论方证捷詠》**

〔作者〕成秉真编著

〔初版〕1958 年人民卫生出版社铅印本

〔内容介绍〕

本书以原文、注解加歌诀形式，对《金匮要略方论》的前 22 篇论及的方与证进行介绍。全书以王叔和、赵开美、陆渊雷及丹波元简诸本互为校对，择其精确者从之，有两说可通者即注后。对陈元犀所撰《金匮方歌括》，间有证状全詠者，即采入之，稍缺者，补足之。全书附方依前人例，较正方低一格，并于每方之上加一大圈。为资鉴别，则附方之后再出正方。

301 **《杂症歌括》**

〔作者〕何书田编

〔初版〕1984 年学林出版社铅印本

〔内容介绍〕

本书共收内科杂症 45 个病种，每种又分总括、死侯、病因、辨似（鉴别诊断）、脉法、治法等六类，作者将其编为歌决，以便记诵。

302 **《金匮原文歌括》六卷**

〔作者〕姜子敬编撰

〔成书年代〕不详

〔内容介绍〕

本书共六卷，收录《金匮要略方论》二十五篇的内容。每篇均冠以简洁的篇名，如“脏腑经络”、“痉湿暍”、“百合狐惑阴阳毒”等。编排的体例是，按原文的先后次序罗列条文，凡含有方药的条文之后，都附有著者所编的方药歌诀、药物加减歌诀和方剂用法歌诀。本书少有新见解，只是对《金匮要略方论》中包含方药的条文进行编诀，以便于读者对这些重要条文的诵读和记忆。

〔现存版本与馆藏地点〕

抄本　738A

303　**《金匮方歌括白话解》**

〔作者〕北京中医药大学金匮教研室编

〔初版〕2003 年人民卫生出版社铅印本

〔内容介绍〕

本书以上海科学技术出版社 1963 年版清·陈文犀的《金匮方歌括》为底本，参阅明代赵开美校刻《金匮》本予以点校注释。篇名及方剂顺序悉遵原本。以“歌括”为纲，列有药物组成、注解、白话解、功效、适应证候、方药解析、临床应用、现代研究等，以现代汉语论述，使陈氏原著更易记诵。

304　**《金匮方歌》**

〔作者〕清·李蓉犀著

〔成书年代〕不详

〔现存版本与馆藏地点〕

清抄本　412A

九、图 表

图表《金匮》类著作，以列表和图形解读原著，具有图文并茂与直观明了的功能。清·何贵孚编于1833年的《金匮要略大方图解》，以图解形式演释《金匮要略方论》的方剂应用，开创先河。后来者不断创新，内涵与形式更为丰富。

305 **《金匮要略大方图解》**

〔作者〕清·何贵孚撰

〔成书年代〕1833年

〔内容介绍〕

作者认为：医学正脉，《素》、《灵》之外惟仲景《伤寒论》、《金匮要略方论》，故业医者必研习二书，舍此别无他途。但二书古奥难读，故撰《金匮要略大方图解》以明之。所谓"大方"，盖指"伤寒证中素所常有，众所共知，必不可少之方也"。本书对《金匮要略方论》中瓜蒌桂枝汤、蜀漆汤、白虎加桂枝汤、乌头汤等十一首方做了绘图解释。其图绘形体、脏腑、经络、病因病位，"病在某脏某经，逐节绘之；为热为寒为水，着色以别之"，其色"寒从黑，火从红，瘀血从紫，风从蓝，水从绿，痰从黄，风寒并至从蓝和淡墨"，再详解病势于图旁，遇紧要处复注其药于图旁，使人一览而知得病之由及用药之所以然。

本书是现存第一部以图文并茂形式注解《金匮要略方论》方剂应用的著作，不仅将方剂、方歌与《金匮要略方论》原文贯穿起来，并附后世医家少量注解，其图对未识见过解剖图者确有很大直观效果。

〔现存版本与馆藏地点〕

1. 清道光十三年（1833）刻本　139

2. 清抄本　907C

306　**《杂病表》**

〔作者〕包一虚（识生、德逮）编撰

〔成书年代〕1930 年

〔内容介绍〕

本书上半部分将《金匮要略》“脏腑经络先后病”至“妇人杂病”二十二篇内容归纳成表格。甲表名“杂病章节二十二篇总表”，总列二十二篇篇目名；乙表名“二十二篇章节分表”，分列各篇、章、节名目，如“五脏风寒积聚病”篇下先列肺脏病、肝脏病、心脏病、脾脏病、肾脏病、六腑病、脏腑积聚病等七章，后于每章分若干节，如肺胀病下分肺中风证、肺中寒证、肺死脏脉三节。下半部对每篇章内容解释总结，其发挥多言简意赅。全书形式新颖，概括性强。

〔现存版本与馆藏地点〕

1936 年包氏医宗出版社铅印本　1　186　277　279　308A　361　391　412A　412B　433A　475A　491　517　529B　541　590　664　677A　712　721　738A　799A　800　839A　896A　907B　907C　917A　922　926A　940

307　**《图表注释金匮要略新义》三卷**

〔作者〕余无言编，张赞臣修订

〔初版〕1952 年新医书局铅印本

〔内容介绍〕

作者既博引诸家之说，又参照己验，在以经注经的原则下，力求精与新。每一病后，在其原有条文下，详为注释，明确理论与合理的治疗，并附作者临床医治验案，并引证西医理论。凡引用西药及病名，译名下附注原文，将数种病分开，以清眉目。根据各病证情况，适当地予以绘图说明。每篇后附有简明之表，将一篇中诸种汤证及考订异同作系统说明，以便检查记忆。

308　《金匮要略归纳表》

〔作者〕何任编撰

〔初版〕1960 年上海科技出版社铅印本

〔内容介绍〕

本书作者旨在为后学研读《金匮要略方论》提供入门之径，故在编著《金匮要略通俗讲话》不久又撰写本书。作者将原著前 22 篇每篇中的内容重新整理编次，分类归纳，并列成表格，使读者对《金匮要略方论》清晰明了，掌握要义。

309　《金匮要略表解》

〔作者〕文棣等编著

〔初版〕1987 年北京科学技术出版社铅印本

〔内容介绍〕

本书以表格形式归纳《金匮要略》原文内容，概括总结各病的辨证论治，示其内在联系。

310　《金匮图解释要》

〔作者〕张家礼、陈仁旭主编

〔初版〕1993 年上海科学技术出版社铅印本

〔内容介绍〕

本书为全国高等中医药院校教材参考书，系根据《金匮要略讲义》（教材）内容和教学大纲要求而编写。作者本着简明扼要、便学易记、源于教材而又高于教材等原则，以图表形式将各篇（杂疗方3篇除外）的概论、重点条文和主要内容从分析探讨、阐疑释难、方证鉴别、归类小结、按语与选注等方面作了系统归纳，使之便于学习和运用。全书共设计图表213幅。

311　《图解金匮要略》

〔作者〕刘越编

〔初版〕2003年人民卫生出版社铅印本

〔内容介绍〕

本书编者结合数十年临证实践，对《金匮要略》研究探索，以现代逻辑思维方法和节奏，以“图解法”对《金匮要略》原文进行演绎、释解。以“辨病”为纲，按病分述理、法、方、药的辩证论治及辨病与辩证相结合的“论病辨治”过程。

312　《金匮要略图表解》

〔作者〕王新佩编

〔初版〕2004年人民卫生出版社铅印本

〔内容介绍〕

作者参考《金匮要略》五版、六版统编教材和新世纪规划教材等，在原文下按词解、提要、图解、按语等项编排。每篇后设有“本篇小结表”，将该篇内容系统归纳，分门别类。全书由浅入深，既专业又实用，不仅是学生学习《金匮要略》的参考书，亦对临床工作者研究仲景论治杂病的学术思想和治则治法有一定参考价值。

313　《活解金匮要略》

〔作者〕刘欢涛、刘屹松、石向前编著

〔初版〕2005 年军事医学科学出版社出版铅印本

〔内容介绍〕

本书通过多种形式，以现代逻辑思维方法，对《金匮要略方论》原著进行全面而灵活的解说。主要方式：按篇或小节对原文进行注释和现代白话翻译；文中插入趣味性的图画辅助说明；对每卷、节的内容归类，尽可能用图表的形式加以表述；结合各卷、篇阐述的理、法、方、药等，增补方剂趣记图解、名医医案、歌诀，力求图文并茂，理论与实践结合，使本书集知识性、趣味性、资料性于一体。

十、其他

在众多《金匮要略方论》研究著作中，有一些是考据类、手册类、辞典类、文摘类。这些著作，对于学习、研究《金匮》亦甚有裨益。因数量极少，故合为“其他”列述。

314 **《杂病论注疏考证》 九卷**

〔作者〕程铭谦注考，王春荫、余舜庚参校

〔成书年代〕1927 年

〔内容介绍〕

全书考证《金匮要略方论》“脏腑经络先后病脉证并治第一至妇人杂病脉证并治第二十二篇”，并附引种痘法。全书夹注与整段注并举。在每节之后，作一小结，概括本节论述之要，继引唐容川之说，加以佐证，再参以已见，考异疏正。为了区别于原文，在原文之右下方，以单行小字夹注，而唐容川、陈元犀与程琳等的注疏，则用大字低二格排列。作者的注文，另以“谦曰”作标识。原书附于每篇之后的《外台秘要》、《千金方》等方，则被删去。本书注疏考正，条分缕析，论述简明。

〔现存版本与馆藏地点〕

1927 年江西玉山文星堂石印本 139

315 **《金匮要略手册》**

〔作者〕段光周等编撰

〔初版〕1988 年科学技术文献出版社重庆分社铅印本

〔内容介绍〕

本书是学习和研究《金匮要略方论》的工具书。全书采用类编形式，将《金匮要略方论》原书分为类病证、类症状、类脉象、类病因病机、类四诊方法、类辩证方法、类治法、类方剂、类药物等项进行归纳整理，使之系统化与条理化，从纵横两个方面探讨《金匮要略方论》理法方药和辩证论治规律。书前列《金匮要略方论》原文，书末附《金匮要略方论》历代书目及《金匮要略方论》疑难条文注释，既便于查找原文，又可了解《金匮要略方论》古今研究藏书情况。

316　**《金匮要略现代研究文摘》**

〔作者〕范永升主编

〔初版〕1997 年浙江大学出版社铅印本

〔内容介绍〕

本书以文摘形式收入 1949 年至 1995 年间发表在全国各中医药及相关学科刊物上有关研究《金匮要略方论》的学术论文 3571 篇。全书分为“正编”与“附编”。正编以《金匮要略方论》篇次为序，每篇以下再列一般性论述、病名解释、病因病机、诊断治疗和方剂运用类，同类之中则按年代先后排列。附编分为教与学、综述、学术探讨、诊法、治法、药剂、方与证、版本与书评、生平轶事九个类目，每类之中按年代先后排列。本书为国内第一部专门检索《金匮要略方论》论文的累积型文摘工具，检索可按书前内容分类或从书后“方剂索引”入手。

317　**《金匮要略辞典》**

〔作者〕艾华编

〔初版〕2005 年学苑出版社铅印本

〔内容介绍〕

本书为迄今为止唯一的一部《金匮要略方论》辞典型工具书，其词条收集广泛，包括《金匮要略方论》原文的单字词和多字词以及所有术语即病因、病机、症状、证候、病名、治法、药物、方剂名、药物炮制法、方剂剂型、剂量、煎服法及用药后的反应、预后等。本辞典对于研习《金匮要略方论》是一部不可或缺的工具书。

附　录

《金匮要略方论》研究散佚著作简目

1.《金匮要略方》三卷　宋·林亿编撰　（《澹生堂书目》）

2.《金匮补注》十二卷　明·戴元礼撰注　（《两浙著述考》）

3.《金匮要略摸象》（卷数不详）　明·卢复、卢之颐撰著（《中国医籍考》）

4.《摩索金匮》九卷　明·卢之颐撰著　（《两浙著述考》、《中国医籍考》）

5.《金匮要略释注》三卷　延陵居士撰著　（作者年代不详）（《群碧楼书目初编》）

6.《金匮集解》（二十二卷）　清·董增龄撰著　（《两浙著述考》）

7.《金匮辩误》（卷数不详）　徐大振撰著　（作者年代不详）（《两浙著述考》）

8.《金匮要略方注》（不分卷）　胡引年撰注　（作者年代不详）（《中国医籍考》）

9.《金匮要略方》（三卷）　宋志编撰　（作者年代不详）（《中国医籍考》）

10.《金匮指微诀》（不分卷）　清·吴复圭撰著　（《清史稿·艺文志》）

11.《金匮录》（不分卷）　清·不著撰人　（《清史稿·艺文志》）

12.《金匮要略注》二十二卷　清·李炳撰注　（《清史稿·艺文志》）

13.《新编要略方义》三卷　不著撰人　（《经籍访古志补遗》）

14.《金匮方术》不分卷　不著撰人　（《中国医籍通考》）

15.《金匮辑义讲义》六卷　不著撰人　（《中国医籍通考》）

16.《金匮补注》　清·魏汝霖　（《柏乡县志》）

17.《金匮玉函要略方》　三卷　汉·张机　（《邓州志》）

18.《金匮要旨》　清·陈再田　（《重修信阳县志》）

19.《金匮要略》　清·张可象　（《叶县志》）

20.《金匮要略注匡谬》　清·高建章　（《河南通志·艺文志·子部·医家类》）

21.《金匮要略注解》二卷　清·窦光彝　（《诸城县续志》）

22.《箸园医说续编》　清·成瓘　（《邹平县志》）

23.《金匮要略类疏》　清·葛天民　（《扬州府志》）

24.《金匮释例》二卷　清·庄棫　（《续丹徒县志》）

25.《金匮辨证》　清·雷大升　（《苏州府志》）

26.《金匮要略方论本义》　清·何炫　（《松江府志》）

27.《金匮注》　清·陆德阳　（《扬州府志》）

28.《金匮要略集解》三卷　清·周孝垓　（《吴县志》）

29.《金匮要略注》　清·李钧　（《江都县续志》）

30.《金匮衍义》　元·赵良本　（《浦江县志》）

31.《金匮直解》　清·高世栻　（《杭州府志》）

32.《金匮述》　清·许载　（《海盐县志》）

33.《金匮补注》十二卷　清·戴元枚　（《湖州府志》）

34.《金匮类编》　清·吕立诚　（《海宁州志稿》）

35.《金匮绎》二卷　清·罗中极　（《南昌县志》）
36.《金匮旁训》清·詹之吉　（《婺源县志》）
37.《金匮指南》　清·谢养源　（《丰城县志》）
38.《金匮悬解补注》　清·吕朝瑞　（《芜湖县志》）
39.《金匮要略集解》　清·汪广庵　（《歙县志》）
40.《金匮要略注》　清·彭光奎　（《崇安新志》）
41.《金匮要略还真》　清·黄骥　（《增修光泽县志》）
42.《金匮发明》六卷　清·周世教　（《宁乡县志》）
43.《金匮要略歌诀》　清·罗味经　（《宁乡县志》）
44.《批金匮要略》　清·庞鹏展　（《武宣县志》）
45.《金匮科学释》　清·石德培　（《藤县志稿》）
46.《伤寒金匮恒解》　清·金纯煦　（《宁乡县志》）
47.《金匮本草》六卷　清·费密　（《四川通志》）
48.《金匮总括详解韵言》一卷　清·王沛霖　（《乐山县志》）
49.《金匮注》七卷　清·吴锡玲　（《西昌县志》）
50.《金匮节旨》　清·胡醴铭　（《三台县志》）
51.《伤寒金匮指归补解》　清·曹国　（《泰兴县志稿》）
52.《金匮注》清·潘必球　（《象山县志》）
53.《金匮要略评注》　清·陈锡朋　（《绍兴县志》）

书名索引

作者索引

馆藏代号表

代号	单位名称	所在地
1	国家图书馆	北京
2	中国科学院国家科学图书馆	北京
3	中国医学科学院图书馆	北京
7	北京大学图书馆	北京
9	北京师范大学图书馆	北京
21	首都图书馆	北京
139	中国中医科学院图书馆	北京
140	故宫博物院图书馆	北京
152	解放军医学图书馆	北京
185	北京大学医学部图书馆	北京
186	北京中医药大学图书馆	北京
202	首都医科大学图书馆	北京
251	天津图书馆	天津
254	天津医科大学图书馆	天津
270	天津市学科学技术信息研究所	天津
277	天津市医学高等学校图书馆	天津
279	天津中医药大学图书馆	天津
289	河北医科大学图书馆	石家庄
292	内蒙古大学图书馆	呼和浩特
301	山东省图书馆	济南
303	青岛市图书馆	青岛
308	山东大学医学院图书馆	济南
308A	山东中医药大学图书馆	济南

309	青岛大学医学院图书馆	青岛
351	河南省图书馆	郑州
360	洛阳博物馆	洛阳
361	河南中医学院图书馆	郑州
381	山西省图书馆	太原
385	山西医科大学图书馆	太原
385A	山西中医研究院图书馆	太原
391	内蒙古自治区图书馆	呼和浩特
396	内蒙古中蒙医研究所图书馆	呼和浩特
401	陕西省图书馆	西安
412	西安交通大学西校区图书馆	西安
412A	陕西中医学院图书馆	咸阳
412B	陕西省中医药研究院图书馆	西安
421	甘肃省图书馆	兰州
431	兰州大学图书馆	兰州
433	兰州大学医学校图书馆	兰州
433A	甘肃中医学院图书馆	兰州
444	青海大学医学院图书馆	西宁
450	新疆医科大学图书馆	乌鲁木齐
450A	新疆维吾尔自治区医学研究所图书馆	乌鲁木齐
450B	新疆石河子大学图书馆	石河子市
461	辽宁省图书馆	沈阳
462	大连市图书馆	大连
475A	辽宁中医药大学图书馆	沈阳
476	中国医科大学图书馆	沈阳
491	吉林省图书馆	长春
511	吉林大学图书馆	长春

514A	长春中医药大学图书馆	长春
517	吉林大学白求恩医学部图书馆	长春
521	黑龙江省图书馆	哈尔滨
522	齐齐哈尔市图书馆	齐齐哈尔
529	哈尔滨医科大学图书馆	哈尔滨
529A	黑龙江中医药大学图书馆	哈尔滨
529B	黑龙江中医药研究院图书馆	哈尔滨
541	上海图书馆	上海
546	复旦大学医科图书馆	上海
572	中华医学会上海分会图书馆	上海
589	上海市中医文献馆	上海
590	上海交通大学医学院图书馆	上海
603	上海中医药大学图书馆	上海
651	南京图书馆	南京
664	南京中医药大学图书馆	南京
677	南京医科大学图书馆	南京
677A	苏州中医医院图书馆	苏州
701	苏州市图书馆	苏州
702	南通市图书馆	南通
706	镇江市图书馆	镇江
707	扬州市图书馆	扬州
709	苏州大学医学院图书馆	苏州
712	南通大学医学院图书馆	南通
721	安徽省图书馆	合肥
721A	安徽博物馆	合肥
723	蚌埠市图书馆	蚌埠
728	安徽医科大学图书馆	合肥

728A	安徽中医学院图书馆	合肥
731	浙江省图书馆	杭州
733	天一阁博物馆	宁波
738	浙江大学医学图书馆	杭州
738A	浙江中医药大学图书馆	杭州
741	江西省图书馆	南昌
746	南昌大学医学院图书馆	南昌
746A	江西中医学院图书馆	南昌
781	湖北省图书馆	武汉
791	武汉大学图书馆	武汉
799	武汉大学图书馆医学分馆	武汉
799A	湖北中医药大学图书馆	武汉
800	华中科技大学同济医学院图书馆	武汉
831	湖南省图书馆	长沙
839A	湖南中医药大学图书馆	长沙
851	四川省图书馆	成都
852	重庆市图书馆	重庆
854	泸州市图书馆	泸州
871	四川大学医学图书馆	成都
891	贵州省图书馆	贵阳
896A	贵阳中医学院图书馆	贵阳
901	云南省图书馆	昆明
907B	云南中医学院图书馆	昆明
907C	成都中医药大学图书馆	成都
911	福建省图书馆	福州
917	福建医科大学图书馆	福州
917A	福建中医学院图书馆	福州

921	广西壮族自治区桂林图书馆	桂林
922	广西壮族自治区南宁图书馆	南宁
926A	广西中医学院图书馆	南宁
931	广东省立中山图书馆	广州
939	中山大学图书馆	广州
940	广州中医药大学图书馆	广州
942B	广东省医学情报研究所	广州